성경으로 풀어 가는 —

스트레스 해소법

해가 지도록 분을 품지 말고

약학박사 이운진 編著

성경으로 풀어가는

스트레스 해소법

2008. 7. 14. 초 판 1쇄 발행
2008. 7. 31. 초 판 2쇄 발행
2009. 8. 30. 초 판 3쇄 발행
2017. 6. 30. 개정증보 1판 1쇄 발행

지은이 | 이운진
펴낸이 | 이종춘
펴낸곳 | **BM 주식회사 성안당**
주소 | 04032 서울시 마포구 양화로 127 첨단빌딩 5층(출판기획 R&D 센터)
10881 경기도 파주시 문발로 112 출판문화정보산업단지(제작 및 물류)
전화 | 02) 3142-0036
031) 950-6300
팩스 | 031) 955-0510
등록 | 1973. 2. 1. 제406-2005-000046호
출판사 홈페이지 | **www.cyber.co.kr**
ISBN | 978-89-315-8116-4 (03230)
정가 | 13,800원

이 책을 만든 사람들
책임 | 최옥현
진행 | 김정인
본문 디자인 | 김인환
표지 디자인 | 박원석
홍보 | 박연주
국제부 | 이선민, 조혜란, 김해영, 고운채, 김필호
마케팅 | 구본철, 차정욱, 나진호, 이동후, 강호묵
제작 | 김유석

www.cyber.co.kr 성안당 Web 사이트

성경으로 풀어 가는 —

스트레스 해소법

해가 지도록 분을 품지 말고

약학박사 이운진 編著

BM 성안당

| 추천사 |

백석대 기독신학대학원에 매년 입학하고 졸업하는 약 300명의 학생들 가운데는 비교적 만학도로 부름 받아 사회적으로 자신의 전문 분야에서 지도적 입장과 분주한 일과에 있으면서도, 겸손하게 만 3년간의 만만치 않은 신학수련을 위해 "죄 지을 시간도, 힘도 없는" 최선의 삶을 사는 분들이 많이 있습니다.

그 중에 1남1녀를 둔 50대 후반의 어머니요, K대학교 약학대 교수와 양심적인 미문약국을 경영하는 약사이며, 사회의 유수한 기업의 CEO와 S교회 시무장로의 부인 겸 권사로서, 그리고 무엇보다도 '신앙과 건강' 에 대한 이론과 임상에 근거한 탁월한 강연자이신 이운진 박사님을 제자로 가깝게 만나, 그분의 겸손, 친절, 근면과 검소를 배우며 지금까지 교제하게 된 것은 학교의 자랑이요, 제 개인의 큰 기쁨이 되었습니다.

제가 지난 2005년 2학기부터 한국에서는 아마도 초유의 "구약의 치유신학"이란 강좌를 우리 대학원에서 몇 차례 개설하였을 무렵, 이 박사님은 저의 요청을 흔쾌히 수락해 "가나안 신토불이 7식품과 성경적 건강식", "체질과 하나님의 치유", 그리고 "스트레스와 성경적 건강"에 대한 3회의 특강을 하여 학생들의 열렬한 호응을 받았습니다.

이 박사님이 오랫동안 이론과 임상으로 정립해 온 주제들 가운데 우선 현대인의 가장 보편적인 질환으로 손꼽히는 '스트레스'에 관한 집필을 제가 제안하면서, 그 구체적인 윤곽을 함께 의논하게 되었습니다.

이제 성경의 완전 숫자를 따라 12장으로 구성된 이 책은 먼저 제1장에서 성경의 처방전℞이라 불리는 핵심 본문의 해설과 함께, 저자 자신의 오늘 여기가 있기까지의 신앙적 순례 여정을 "스트레스와 성경적 건강"의 관점에서 진솔하게 드러냄으로 독자들을 편안하게 안내합니다. 뒤 이은 "스트레스와 건강"(2장), "스트레스의 종류와 원인"(3장), "죄의 무게"(4장), "스트레스시 나타나는 전반적 현상"(5장), "해가 지도록 분을 품지 말고"(6장), "스트레스로 인한 증상과 치료"(7장), "스트레스 해소방법"(8장), "양약"(9장), "오직 한 사람 : 체질과 스트레스"(10장), "절제가 치유다"(11장), "샬롬 : 스트레스 완전 해법의 결과"(12장)는 한결같이 각 장에 핵심적인 성경구절을 그 처방전으로 제시하고, 각 장의 제목이 시사하는

대로 스트레스와 연관된 아주 실제적인 여러 가지 문제들을 해박한 이론과 풍부한 경험을 융합하여 이해하기 쉬운 문체로 훌륭하게 다루고 있습니다.

특별히 우리 모두의 일상생활에 가장 쉽게 경험하는 "분노와 스트레스"의 상관성을 심도 있게 다루고 있는 제 6장과 11장의 "분을 절제하면 온유한 사람이 된다"(9항)의 논의는 그 구체적인 증거의 백미白眉로 추천하고 싶습니다. 뿐만 아니라 결혼 적령기와 초년기의 남녀를 위해서 이 책은 "천리 길도 한 걸음부터" 라는 우리의 속담처럼 "환갑과 진갑이 지나가도 늘 신혼부부와 같은"(고후 5 : 17 참조) 복된 삶을 살아가도록 그 기초를 다지는 소중한 안내서가 될 것을 확신합니다.

이미 백석대 기독신학대학원을 졸업하고, 결혼 적령기와 초기의 그리스도인들을 본격적인 복음사역(저술, 상담, 강연, 치유 등)의 대상으로 삼고 여생을 전력투구하려는 이운진 박사님의 앞날에 "성령님을 위해 심는 자는 성령님으로부터 영생을 거두리라"(갈라디아서 6 : 8하)는 약속의 결실이 풍성하시길 간구하면서, "스트레스와 성경적 건강"에 대해 확신 있는 승리의 걸음을 구축하려는 애독자들에게 이 책이 위로와 도전을 제공하는 양식이 될 것을 확신하면서 적극적으로 추천하는 바입니다.

김진섭

백석대 대학원 신학부총장 겸 기독신학대학원 원장, 구약학

| 편저자의 말 |

아직도 배워야 할 것이 많은 사람이 책을 쓰는 일이 무례하다는 생각도 들지만, 한 사람이라도 이 책을 읽으면서 하나님 말씀의 진리에 대한 감격으로 행복해지기를 바라는 마음으로 씁니다. 이 책을 읽고 있는 당신이 바로 그 사람이었으면 좋겠습니다. 굳이 편저라고 한 것은 본인이 스스로 연구해서 알게 된 내용보다는, 수십 년간 약학을 연구하고 가르치며 관련서적과 강의를 통해, 심지어는 환자들을 통해서 알게 된 것들을 적용하고 있기 때문입니다.

본인은 신학대학원에서 구약의 치유신학 특강을 하였으며, 현재 대학에서 향장품학과 영양치료학을 가르치고 있습니다. 여러 교회에서 성경이 말하는 「스트레스 해소법」「건강하게 장수하는 삶」「신혼부부를 위한 거룩한 성생활」「임신부를 위한 성경의 태교」「연령에 따른 질환의 예방법을 성경에서 찾기」 등 맞춤 강의를 해 오고 있습니다. 치유단계의 알코올 중독자들을 찾아가서 음주 때의 증상, 결과 및 해법을 해당 성경말씀들을 근거로 설명하고 강의를 하고 있습니다. 강의에 참석하신 분들께서 감동을 받았다고 말씀하실 때마다 '성경말씀을 읽었을 뿐인데……' 하면서도 말씀의 권능 앞에 떨림과 보람을 느낍니다.

학교 강단, 약사들의 모임이나 교회, 학교에서 했던 제 강의의 결론은, 병에 대한 치유방법은 성경에 쉽게 나와 있다는 것을 증거하는 것이었습니다. 진심으로 저의 강의나 책이 모세의 손에 잡힌 지팡이 역할만 했으면 좋겠습니다. 저는 하나님이 기뻐하시는 무명의 그리스도인으로 남고 싶을 뿐입니다. 오직 이 책을 통해 '여호와 로페 하나님' 이 증거 되시기를 바랍니다.

일반적으로 사람들은 믿으면 알게 된다고 말하며, 합리적이고 과학적인 사고로 성경을 이해하고자 하면 믿음이 자라지 않는다고 합니다. 이런 분들에게 우리의 영육을 치료하시는 '치유의 예수님' 을 알려드리는 것이 이 책을 쓰는 목적입니다.

예수님은 공생애 시작과 동시에 이 세상에서 보낸 시간의 대부분을 가르치시고, 천국 복음을 전파하시며, 모든 병과 모든 약한 것을 고치시는 세 가지 사역을 위해 사셨다고 해도 과언이 아닙니다. 따라서 교회도 역시 가르치고, 천국 복음을 전파하는 동시에, 성경에 숨어 있는 영적인 치유 뿐 아니라 실제적인 육체와 정신의 치료법에도 관심을 가지면 좋겠다는 생각을 해봅니다. 예수님을 믿든 믿지 않든, 모든 사람들의 관심은 건강하게 오래 사는 것이고, 실제로 그 일에 많은 시간과 돈을 투자하고 있는 것이 현실입니다.

> "예수께서 온 갈릴리에 두루 다니 그들의 회당에서 가르치시며 천국 복음을 전파하시며 백성 중의 모든 병과 모든 약한 것을 고치시니
>
> healing every kind of disease and sickness among the people"
>
> 마태복음 4 : 23, 참조 9 : 35

저는 학문적 기본 지식을 가지고 성경을 읽으면서 감동과 두려움과 떨림으로 엄위하신 하나님을 만나고, 사랑의 예수님을 만나게 되었습니다. 약간의 학문적인 지식으로도 이렇게 감동이 오는데 좀 더 공부를 하면 얼마나 더 감동과 떨림이 올까 생각했습니다. 그러다가 신학대학원을 가게 되었고 졸업이 가까워오자 책을 쓰라는 권고를 받게 되었습니다. 글 쓰는 일이 어려운 저로서는 책을 쓴다는 것이 엄청난 스트레스였습니다. 그래서 제가 아는 것을 이용해 저술을 하기로 했습니다.

성경에는 이 세상에서 일어날 수 있는 온갖 사람들의 행태가 여과없이 나오는데 심지어 자식을 잡아먹는 부모도 나옵니다. 완전한 죄인인 나의 모습을 성경에 나오는 2930여 명의 인물 속에 조

명해 봅니다. 사람 중에 사람이신 예수님만 참 인간이십니다. 우리 모두는 죄지은 인간입니다. 하나님이 인간인 우리를 지으셨기 때문에 하나님의 말씀인 성경 한 권의 내용만으로도 재미있는 영화, 드라마, 소설, 만화, 건축, 디자인 등 만들 수 있는 소재가 무궁무진할 것입니다. 인간을 창조하신 하나님을 아직 모르는 분들에게 하나님을 전하고, 성경의 확실성과 성경 말씀 한 절 한 절에 담겨 있는 거대한 진리에 대한 것을 캐내는 것이 사람이 학문을 해야 할 이유라고 생각합니다. 결국 모든 학문을 엑기스만 간추려 한 권의 책으로 만든다면 그것은 성경 이상도 이하도 아닐 것입니다.

"내가 주께 감사하옴은 나를 지으심이 신묘막측神妙莫測하심이라 주의 행사가 기이함을 내 영혼이 잘 아나이다."

시편 139 : 14 개역한글

인간을 지으신 하나님께서 이 세상 모든 것을 우리를 위해 만드시고, 우리에게 청지기의 사명을 주셨는데, 제 것인 양 서로 뺏고 뺏기는 과정이 바로 우리의 자화상이자 성경 속의 인물들입니다. 사는 것 자체가 스트레스일 수 있습니다. 하늘이 계속 비를 내려도 스트레스고, 햇빛만 내리쬐어도 스트레스입니다. 저의 묵상과 책, 신문, 잡지, 기타 많은 정보를 통해 제가 전공한 학문으로 만난 하나님의 말씀의 진리를 글로써 엮어 봅니다.

책을 쓴다는 것은 강의와 다르게 너무나 어려운 일이었습니다. 강의는 한 주제를 놓고 수십 권의 책을 읽으면 해낼 수 있었습니다만, 한 시간 동안 강의할 내용을 책으로 쓰는 데는 한여름 에어컨 아래서 집필을 시작한 책이 해가 지나고 다시 그 에어컨 아래서 탈고를 하게 되었으니 결코 쉬운 일은 아니었습니다.

이 책을 읽으면서 하나님의 말씀을 통하여서 두렵고 떨리는 감동을 느꼈으면 좋겠습니다. 바닷가의 모래알 하나보다 작은 저의 지식으로 보아도 해부학이나 임신 중의 태교, 불임, 수험생의 기억력 증가와 고지혈증, 스트레스 등 인간과 관련된 모든 것이 성경 구석구석에 쓰여 있다는 확신이 듭니다. 이 책을 통해 오직 하나님의 사랑만 전달되면 좋겠습니다.

> "여호와를 경외하는 것이 지식의 근본이어늘 미련한 자는 지혜와 훈계를 멸시하느니라" **잠언 1 : 1**

저를 위해 출산의 고통과 양육의 아픔을 겪으신 김순자 친정어머니, 항상 부족한 저를 예수님의 사랑으로 격려하는 남편 김세재 장로와 아들 윤근, 딸 예미를 주신 하나님께 감사드립니다. 또한, 신학적인 조언을 주시고 '구약의 치유신학' 강의에 초청해 주시고 이 책의 집필과 교정을 도와주셨으며, 추천사로 독려해주신 백석대학교 부총장이자 기독신학대학원장이신 김진섭 교수님께 감사를 드립니다. 또 조리없는 말을 교정해주신 경희대 약대 이경태 교수님, 그리고 이 책이 나오기까지 함께 기도해주시고 조언을 아끼지 않으신 첨단그룹의 이종춘 회장님과 출판국 관계자 여러분께도 깊은 감사를 드립니다. 치유의 예수님께서 이 책의 주인이 되어주옵소서!

編著者 이운진

* 성경인용구절은 개역개정이며, 개역개정이 아닌 경우는 출처를 밝혔습니다.

차례

성경으로 해결하는 스트레스 해소법

03 _ 스트레스의 종류와 원인

04 _ 죄의 무게

05 _ 스트레스 시 나타나는 전반적인 현상

06 _ 해가 지도록 분을 품지 말고

07 _ 스트레스로 인한 증상과 치료

08 _ 스트레스 해소 방법

01 나의 출생의 신비

내가 이어 쓰는 마태복음 1장

마태복음1장 25절

아들을 낳기까지 동침하지 아니하더니 낳으매
이름을 예수라 하니라

먼저 이 책을 쓰고 있는 나의 출생의 신비이자 우리 모두의 출생의 신비를 캐내 보고자 한다. 나는 전쟁이 시작된 후 부산에서 갖은 고생을 하시던 부모님에게서 태어났다. 그래서, 철없는 어린 시절에도 약간의 고생은 항상 겪어야 하는 과정으로 여기며 살았다. 우리의 삶에 늘 햇빛 같은 행복만 있다면 우리의 삶은 오히려 사막처럼 메말라버리고 나무 한 그루, 풀 한 포기도 나지 않을 것이다. 그래서 하나님은 때에 따라 우리의 삶에도 비바람을 주시는 것임을 구원을 받은 후 더욱 실감했다.

원죄를 가지고 잉태되어

내가 가장 좋아하는 성경은 마태복음 1장이다. 나의 족보는 나의 아버지의 딸로 태어났으며, 나의 아버지는 나의 할아버지의 아들로 태어났다. 이것을 간단히 써 올라가보면, 운진 → 아버지 → (할)아버지 → (증조할)아버지 → (고조할)아버지 → … → (아담할)아버지 → (하나님)아버지

이렇게 족보를 만들어 본다면 나는 당연히 하나님의 형상을 닮을 수밖에 없다. 그런데 나의 조상인 아담 할아버지가 죄를 지었기 때문에 나도 죄 중에 태어난 것이다. 이것을 원죄原罪라고 한다.

> "실로, 나는 태어날 때부터 이미 죄인이었고, 어머니의 태 속에 있을 때부터 죄인이었습니다" 시편 51 : 5, 표준새번역

만약 우리의 조상인 아담 할아버지가 죄를 짓지 않았으면 우리의 〈지 · 정 · 의〉로 인격적인 하나님을 만나 동행하면서 행복하게 살았을 테지만, 아담 할아버지의 원죄가 전가轉嫁되어 우리는 누구나 태어나면서부터 죄의 유전자DNA를 가지고 태어나게 된 셈이다. 죄의 삯은 사망으로 나는 조상의 죄 때문에 이미 죽었다. 그래서 나는 조상 적부터 내려온 죄의 유전 인자를 사함받기 위해 나를 만드신 하나님께서 육체를 입고 오신 예수님의 보혈로 죄사함

을 받아야 했다. 사랑의 하나님은 그의 유일하고도 죄가 없는 아들 예수님을 보내 우리의 죄를 사해 주셨다.

"우리가 아직 죄인 되었을 때에 그리스도께서 우리를 위하여 죽으심으로 하나님께서 우리에 대한 자기의 사랑을 확증하셨느니라"

로마서 5 : 8

물론 원죄뿐 아니라 예수님은 내가 지은 자범죄와 앞으로 지을 모든 죄까지도 사해주셨기 때문에 죄 없으신 하나님 아버지의 자녀가 될 수 있다.

마태복음 1장 1절의 아브라함과 다윗의 자손 예수그리스도의 세계는 마태복음 1장 25절에서 예수님이 오심으로 우리는 이방인이지만 영적으로 아브라함의 계보를 이어나가게 되어, '낳고, 낳고……' 해서 운진이를 낳고, 우리의 자녀가 태어나서 '낳고'를 이어가고 있다. 따라서 마태복음 1장이 계속 되면 나의 이름이 마태복음 1장 25절 이후에 나오게 된다.

"아브라함과 다윗의 자손 예수 그리스도의 계보라. 아브라함이 이삭을 낳고 이삭은 야곱을 낳고 야곱은 유다와 그의 형제들을 낳고 ....
예수가 나시니라"

순례길을 걸어가며

나는 아빠의 정자 수억 개 중 한 개가 엄마의 난자 속으로 들어가 수정되고 그 안에서 행복하게 자라, 수정 후 약 260일 만에 따뜻한 엄마의 자궁에서 울면서 좁은 질을 통해 떠밀려 나왔다. 엄마의 자궁 속 260여일과는 비교할 수도 없을 정도로 엄청나게 큰 세상으로 수억대 일의 경쟁을 뚫고 출세出世를 한 것이었다.

즉, 하나님의 지음을 받아(시편 100 : 3b), 하나님의 선한 예정으로(시편 139 : 16), 엄마의 자궁을 거쳐 순례의 길 도중에 지구에 있는 서울에 잠시 머물고 있는 것이다. 이 순례길은 주님 앞에 갈 때까지 영원한 안식에 들어갈 때까지 계속될 것이다.

항상 마음을 졸이며

나는 굿도 하고, 점도 보고, 부적도 적지 않게 붙이는 기독교와는 전혀 거리가 먼 집안에서 태어났다. 부모님이 매우 엄격하셨기 때문에 맏이인 나는 항상 걱정이 많았다. 동생들이 잘못해도 야단을 맞지 않을까, 좀 늦게 들어가서 문을 열어주지 않으면 어쩌나 하는 걱정과 모든 일에 착해야만 한다는 의무와 책임감으로 압박받으며 자라왔다. 자식들에게 가난을 물려주지 않고 내노라하는 대학에 보내고자 열심히 애쓰시던 부모님의 모습은 내가 살아 있는 동안 지워지지 않을 기억이다. 심리학적으로 보상심리라고 했던가? 2남 2녀 중 장녀인 내게 거는 기대가 너무 컸고, 나 또한 빗나가지 않고 부모님의 기대에 부응하려고 모범생으로 지냈다. 결혼 후에는 어느 집이나 마찬가지겠지만 사위, 며느리, 손자, 손녀 등 다양한 성격의 사람들 속에서 어머니의 마음을 편하게 만은 할 수 없었고, 이런 일로 인해 마음고생을 하면서 매일매일 스트레스를 받으며 살았다.

내가 영양치료학에 관심을 갖게 된 것은 전적으로 하나님의 은혜였다. 내가 초등학교에 다닐 때 어머니는 간경화로 투병하시며 병원, 한의원, 대체요법 등 안 해본 것이 없을 정도였으나 그것들은 별 소용이 없었다. 그렇게 죽음만을 기다리던 어머니의 간경화를 식품으로 고친 후부터, 우리 가족의 건강관리는 먹는 것 위주가 되었다. 그래서 지금도 나는 좀 못 입어도 먹는 것은 제대로 먹고 산다. 물론 그 때만 해도 대부분의 식품이 유기농이었다. 오히려 우리가 정크푸드junk food라고 하는 콜라, 초콜릿 등이 더욱 귀하고 비쌌으며 부자라야만 그런 것들을 먹을 수 있었다. 지금은 집집마다 먹을 것을 색깔도 예쁘게 재어놓고 먹지만, 그 때의 간식은 오늘날의 웰빙식이었다. 어머니의 정성으로 고구마를 썰어 말려놓고 먹고, 쌀강정을 잔뜩 해서 커다란 독에 비닐로 덮어놓고 두고두고 풍성하게 먹었던 기억이 난다. 그때의 맛있는 간식들을 지금은 자연식품 파는 데나 가야 살 수 있고 아주 소량을 근사하게 포장해 값도 비싸게 팔아서 많이 사먹기가 부담스럽다.

중학교 입시의 낙방과 비참함

하나님께서는 나를 구원하려고 준비하셨는지, 어머니의 유일한 희망이었던 내가 당시 충분히 일류 중학교에 들어갈 수 있는 실력이었음에도 불구하고 중학교 입시에서 떨어졌다. 이 일로 어머니는 사흘 동안 물도 안 드시고 굶으시면서 상심하셨다. 그때는 예수님을 믿지 않았지만, 지금 생각해보면 인간이 최초의 율법을 어기고 비참한 지경으로 떨어진 그 순간만큼이나 나도 비참했던 것 같다. 집안의 회의를 거쳐 부모님은 첫 딸을 재수를 시키는 것은 안 된다는 결론을 내리고 기독교 계통의 여자 중학교 야간에 보내기로 하셨다. 기독교 계통의 학교라 성경 점수라는 것이 있어 아무리 공부를 잘 해도 교회 목사님의 출석 도장을 받아오지 않으면 성경 점수는 20점씩이나 깎여 80점 이상을 받을 수가 없었다. 처음에는 어머니 친구이신 집사님의 도움으로 적당히 도장을 찍어 제출했지만 길게 갈 수는 없었고, 어머니께서는 마지못해 교회 나가는 것을 허락하셨다. 나의 중학교 3년 동안, 어머니의 자존심은 추락해갔고 더불어 나의 스트레스도 더해만 갔다.

일류 여자 고등학교의 교복을 입고

나는 결국 내노라하는 일류 여자고등학교에 합격했다. 일류 여자 고등학교에 들어가게 되자 어머니께서는 비로소 행복해 하셨고, 그 학교 교복을 입고 등교하는 나의 모습을 보시며 얼마나 자랑스럽게 생각하셨는지 지금도 눈에 선하다. 고등학교 2학년 때 지금의 남편이 된 교회 고등부 학생회장의 추천으로 세례의 의미도 깨닫지 못한 채 자신을 하나님께 바치는 인치심의 예표인 세례를 받았다.

칭찬 듣는 재미로 교회를 다니며

일류 고등학교에 입학하니 집안에서는 교회에 다니는 것이 다시 문제가 되었다. 기독교 학교가 아니니 꼭 가야 할 이유는 없었지만 큰 믿음이 있었던 것도 아닌데 왠지 주일이 되면 교회에 가고 싶었다. 부모님의 반대로 성경책이 찢기고, 때로는 불태워지기도 하고, 장작으로 맞기도 하면서, 무슨 힘인지 몰라도 열심히 교회를 다녔다. 교회학교 교사를 했는데, 지금처럼 오는 학생을 받는 것이 아니었다. 주일 아침마다 산동네에 올라가 골목을 꼬불꼬불 돌면서 새끼줄에 굴비 엮듯 아이들을 데리고 교회에 가면, 우리

반은 출석도, 퀴즈도 1등이었다. 너무도 많이 1등을 하니 다른 교사들에게 미안하기도 하고 자랑스럽기도 했다.

집에 일하는 분이 있어 공부만 하고 살림은 해보지도 않던 내가, 토요일 오후가 되면 몰래 교회에 가서 블라우스가 땀에 흠뻑 젖도록 수년 간 교회 청소를 도맡아 했다. 그러다보니 목사님과 장로님, 권사님, 집사님들께 칭찬도 많이 들었다. 칭찬 듣는 재미로 눈치를 보며 교회에 나가는 동안 주님은 나의 믿음에 물을 주어 자라게 하셨다. 십일조 생활도 열심히 해 목사님께서 설교시간에 나의 이름을 종종 거론하시며 칭찬을 하셨다. 당시는 그걸 좋아했는데 지금 생각하면 민망한 일이다.

항상 편찮으신 어머니 때문에 약학대학에 입학하고 졸업을 했지만 어머니에게 도움은커녕 오히려 건강에 대한 어머니의 지혜가 나의 약학 지식에 지혜를 보태 주었다. 구체적으로 그 보탬은 약사로서의 나의 소원이 이루어지는 데 큰 도움이 되었다. 내 소원은 나를 만나는 분들이 나를 만나기 전보다 더 건강해지는 것이다.

워낙 고개를 숙이고 다녀 내 별명은 '동전 줍는 여학생'이었다. 대학을 졸업하고 취직을 하고 개업도 했지만 모르는 것이 어찌나 많은지, 30대에 다시 대학원에 들어가 석사학위를 받았다. 남편을 따라 당시 경제 대국임을 자랑하던 일본 지사 생활을 하던 중 큰 교통사고를 당해 몸을 완전히 움직일 수 없는 상황에 이르렀다.

그때 하나님께서 다시 살려주심을 경험하고 40대에 이르러 약학 박사 학위를 받았다. 그러나 학위의 무게와는 달리 아는 것은 별로 없었다. 어느 날 사람의 체질을 아시는 하나님의 말씀 속에서 건강의 신비를 깨닫고 몇몇 교회와 신학대학원에서 특강을 했는데 목사님들께서 책을 내라는 권유를 하셨다. 나는 50대가 되어 모든 학문의 완결본이라고 생각되는 신학의 길로 들어섰다. 그러나 아직도 모르는 게 많기는 마찬가지다.

나를 하나님 다음으로 사랑하는 남편을 만나

한 청년은 네 잎 클로버를 말려 붙이고 사랑의 시를 썼다. "내 몸이 둘이면 좋겠네, 하나는 내 생명 주신 주님을 위해, 하나는 사랑하는 내 님을 위해, 내 몸이 둘이면 좋겠네……(중략) 주여! 둘을 허락하소서. 이미 주신 몸 당신께 바칠 각오가 되어 있습니다. 또 한 몸을 허락해 주소서. 내 님을 한 점 부끄럼 없이 감쌀 수 있게, 주여, 두 몸을 주시옵소서." 결국 몸이 하나 밖에 없으니 하나님께 드릴 몸밖에 없고 하나님이 전부라고 고백하는 이 청년에게 하나님께서는 나의 인생을 맡기도록 인도하셨다. 그리고 그 청년은 부족한 게 많은 콧대 높은 여자에게 진실하게 장가들어(호 2 : 20), 기쁨으로 신부를 맞아(사 62 : 5), 일부일처제의 바탕 위에 하나님의 이끄심으로 결혼하여(창 2 : 22) 지금까지 많은 스트레스를 받으면서도 자신이 택한 여성에게 최선을 다하며 살고 있다.

"진실함으로 네게 장가 들리니 네가 여호와를 알리라" 호 2 : 20

"마치 청년이 처녀와 결혼함 같이 네 아들들이 너를 취하겠고 신랑이 신부를 기뻐함 같이 네 하나님이 너를 기뻐하시리라" 사 62 : 5

"여호와 하나님이 아담에게서 취하신 그 갈빗대로 여자를 만드시고 그를 아담에게로 이끌어 오시니" 창 2 : 22

신앙생활에 열심인 그는 새벽기도에도 거의 빠지지 않았고, 자연히 부모님께 야단을 덜 맞고 나갈 수 있는 새벽기도 시간을 택해 예배가 끝나면 해운대 동백섬을 돌며 데이트를 하고 그 당시 유행하던 아침이슬, 얼굴, 선구자 등의 노래를 하나님과 바다와 나를 두고 계속 불렀다. 사랑한다는 말을 하기가 쑥스러우니까 그냥 계속 노래만 부르고 걸었다. 어떤 때는 송도에서 다대포까지 4시간 정도를 노래만 부르기도 했다. 그러나 남편감으로서 그 청년은 도저히 나의 어머니의 기대에 미칠 수 없었고, 심지어 내 친구들조차 그 청년에게 대놓고 모멸스런 말을 해댔다. 결혼을 위한 과정은 한 편의 슬픈 영화같았다. 어느 장로님 내외는 태어나서 이런 반대 속의 결혼은 처음 본다고 하시며 좋은 혼처를 소개해 주시기도 했다. 그렇게 죽고 못 살 사이도 아니었는데 하나님은 우리의 결혼을 이끄시고 눈물 속에서 앞이 아득한 결혼을 하게 하셨다. 그날 나의 어머니가 앉으셔야 할 자리에는 예수님이 앉아 계셨을 것이다. 그리고 가발을 쓴 비쩍 마른 신랑의 애처로운 모습과 결혼을 앞두고 10kg 이상 몸무게가 줄어 눈물 속에서 쓰러질 것처럼 겨우 서있는 신부의 모습을 보고 예수님은 얼마나 마음이 안쓰러우셨을까? 또 집에서 마음 아파하는 어머니의 찢어지는 가슴은 어떠했을까? 참으로 나는 많은 사람을 울리며 결혼했다.

결혼을 한 후 동갑내기지만 남편은 항상 아버지처럼, 오빠처럼, 친구처럼 따스했다. 단지 주일 하루를 교회에서만 보내려는 그와 예배만 참석하면 된다고 생각하는 나와의 의견 차이는 신앙생활의 불씨가 되었다. 다른 것은 모두 내 의견에 따르지만 신앙의 문제만은 지금까지 지지 않는 남편에게 나도 포기하고 말았다. 이 일은 나중에 내가 부부 중 혼자만 믿음을 가진 분들의 교회 생활의 어려움과 외로움을 이해하는 데 큰 도움이 되었다.

신혼의 꿈은 인생 최소의 생활을 연습하며

사도 바울처럼 가난에 처할 줄도 알고 부요함에 처할 줄도 아는 삶을 살아야 하는 것이 우리의 삶이다. 신혼 생활을 출애굽 사건에 비교하자면 광야 생활 초입에 해당된다고 볼 수 있었다. 하나님께서 구름기둥과 불기둥으로 인도하시고, 먹이시고 입히시지 않았더라면(신명기 8 : 2-4) 오늘을 기대할 수 없었던 혹독한 훈련의 기간이었다. 당시 돈으로 하루 200원의 부식비로 끼니를 해결하고, 해가 질 무렵이면 시장에 가서 무청이나 배추시래기를 얻거나 줍기도 하고, 하루가 지나면 먹을 수 없는 생선을 예쁜 젊은 부부에게 덤으로주는 것을 받아서 지져도 먹고 구워도 먹으면서 처음으로 고생이란 것을 제대로 해 보았다. 맞벌이를 하면서도 쉬는 날이면 도넛을 커다란 대바구니로 한 바구니 가득 튀겨서 온 산동네 사람들과 나눠 먹고 이런 것은 제과점(당시는 양과점이라고 했음)에서도 못 사먹는다며 고마워하는 동네 아줌마와 아이들 속에서 사랑받으며 지냈다.

아들과 딸을 우리 가정에 보내주신 하나님

여자를 영어로 woman이라고 한다. 이는 womb(자궁)과 man(사람)의 합성어이다. 여자는 '자궁을 가진 이' 이다. 성경에 따르면 임신은 가능한 한 결혼 후 1년 내에(신명기 24 : 5)에 하는 것이 좋지만, 나는 시댁에서 한 번의 유산을 경험한 후, 아기가 거꾸로 앉아서 결국 후불로 지급하기로 하고 서대문의 한 산부인과에서 제왕절개로 아기를 낳았다. 할부가 많은 미국에선 할부를 다

갚으면 아내가 남편에게 "여보 이제 이 아기는 우리 아기예요."라고 말한다고 한다. 책에서 읽은 이야기다. 우리도 후불로 병원비를 낸 후 그제야 아들이 우리의 아기가 된 느낌이었다.

아들에 대한 사랑이 커서인지 생활의 쪼달림에 대한 걱정 때문이었는지 남편은 아기를 더 이상 갖고 싶어 하지 않았다. 그러나 조금 여유가 생기자 딸을 낳고 싶었고, 남편을 설득해 임신을 했다. 수술과 동시에 의사 선생님과 간호사들이 딸이라고 하는 소리에 너무나 행복했다. '드디어 하나님은 나에게 아들도 딸도 다 주셨구나.' 하고 말이다.

신앙인으로서 훈련을 받으며

남편의 기도와 사랑으로 신앙생활은 겉보기에라도 조금씩 좋아졌으나, 남편 사업의 어려움으로 엄청나게 힘든 상황을 겪으면서 가정에는 위기가 몰아치기도 했다. 남편에게 상처를 주고, 상처를 받으며, 고슴도치처럼 서로의 아픔을 찔러가면서 나는 신앙인으로 훈련을 받아가고 있었다. 결국 모든 일을 하나님께서 해결해주시고 이끌어주시어 남편을 장로로 세워주셨다. 장로로 피택된 날부터 매일 매일 진정한 장로가 되기 위해 실로 애쓰는 남편을 바라보는 것도 나의 행복이다.

그러나 스트레스 속에서

남들은 권사님도 기도 제목이 있느냐고 묻지만 뒤를 돌아보면 나처럼 스트레스를 많이 받는 사람도 있을까 하고 생각할 때가 있다. 남들이 부러워하는 환경인데도 내 입장만 생각하기 때문인지 상당한 스트레스 속에서 살고 있다면, 얼마나 많은 사람들이 나름의 스트레스 속에서 살아가고 있을까 생각해 본다. 그런 가운데서 나는 환자를 만나고, 공부를 하고, 아는 것은 적지만 모든 치유는 하나님이 하신다는 것을 깨닫게 되었다.

조상 때부터 사탄에 속아 온 신비를 풀기 위하여

나의 출생의 신비는 결국 우리 모두의 출생의 신비이다. 이 신비에 감추어진 사탄의 거짓말에 속은 신비를 푸는 것이 스트레스를 푸는 열쇠key다. 오늘도 나는 많은 상처와 스트레스를 가진 사람들과 상담하면서 하나님께 치유를 기도하고, 모든 병을 고치신 예수님의 처방을 간구하며 성경을 펼친다. 바닷가의 모래 한 알만큼도 안되는 나의 지식에 예수님의 지혜가 더해져 환자들의 증상이 좋아지기를 간구하면서 말이다. 우리를 위해 자신의 목숨까지 바치신 성자 예수님께서 우리를 불쌍히 여겨, 우리의 죄를 사하시고 우리 몸의 잘못된 곳을 고치셔서 오늘도 스트레스 받은 우리의 몸을 가장 좋은 몸으로 회복시켜 주실 것을 믿고 감사드린다. 그리하여 병든 우리의 몸이 하나님 말씀으로 영육이 치료받아 하나님께서 쓰시고자 하시는 그 자리에서 조금도 부족함이 없도록 쓰임받기를 바란다. 사람이 수정되는 순간부터 먹고 사는 모든 것이 스트레스인데 그런 우리의 몸이 스트레스에 대한 성경적 접근을 통해 말씀 안에서 완전히 치유함을 받는 것이 내 학문의 소망이다.

02 스트레스와 건강

잠언 17장 22절

마음의 즐거움은 양약이라도 심령의 근심은
뼈로 마르게 하느니라

스트레스는 간뇌가 발달되는 신생아 때부터

출생의 신비를 통해 우리는 태어나고 사는 것 자체가 스트레스임을 알았다. 그러면 스트레스와 건강과는 어떤 관계가 있는지 알아보자.

우리가 아는 명언 가운데 "재물을 잃는 것은 적은 것을 잃는 것이요, 명예를 잃는 것은 보다 큰 것을 잃는 것이며, 건강을 잃는 것은 전부를 잃는 것이다"라는 말이 있다. 그런데 마태복음 16 : 26의 진리의 말씀은 우리로 하여금 더욱 다른 말이 필요 없게 한다.

"사람이 만일 온 천하를 얻고도 제 목숨을 잃으면 무엇이 유익하리요 사람이 무엇을 주고 제 목숨을 바꾸겠느냐" 마태복음 16 : 26

즉, 사람은 죽을까봐 걱정하며 하루하루를 사는 것이다. 과거에 비해 의학은 발달하고 있는데 환자는 더욱 많아지고 있다. 평균수명이 늘어나고 있지만 건강하지 못한 상태로 그럭저럭 생존하고 있는 사람도 많아지고 있다. 지구에서 발생하는 많은 병 중 현대 의학으로 완전히 치료할 수 있는 병은 생각보다 많지 않다. 사실 의학이 발달할수록 새로운 병이 발견되기도 하고, 새로운 병명을 붙여 그 수가 늘어가고 있다고 보아야 할 것이다. 과거에는 성인들만 걸리던 심장병, 고혈압, 당뇨병 등이 이제는 아이 어른 할 것 없이 무차별적으로 닥쳐온다. 이런 병을 일본에서는 오래전부터 생활습관이 잘못돼서 생긴 병이라 해서 『생활습관병』이라고 한다.

날이 갈수록 환자마다 자기 병은 스트레스 때문에 생겼다고 할 만큼 병의 원인을 스트레스로 돌린다. 그래서 이 약 저 약 아무리 써도 안되니까 몸에 좋다는 것은 무엇이든지 마구 먹어 오히려 건강을 해치는 안타까운 현실도 많이 접하게 된다.

모 일간지에서, 한국인의 10대 건강 위험인자에 대한 순위를 조사했는데, 흡연 다음으로 스트레스가 많았다. 2004년 8월에 대한 신경정신과 개원의 협의회가 매월 18일을 '스트레스 탈출의 날' 로 지정하고, 이 행사의 일환으로 북어 때리기, 박 깨기 등 스트레스가 해소될 만한 이벤트를 했다. 음악을 틀어놓고 스트레스의 대상을 향해 실컷 욕을 퍼붓는 '욕 타임' 부스에서는 온갖 욕설이 쏟아져 나왔다고 한다. 소리 없는 살인자로 표현되는 스트레스는 인류의 적이라고 부르기까지 한다. 그러나 최근에 스트레스뿐 아니라 많은 질병들이 소리 없는 살인자로 비유되고 있다. 실제로 많은 만성질환자를 보면 대개의 병이 스트레스에서 오는 경우가 많고, 만병의 근원이 스트레스와 관련되지 않는 것이 없다고 해도 과언이 아닐 정도다. 이런 증상은 먹는 약으로도 치료할 수 있지만 결국에는 환자 스스로가 마음의 즐거움을 찾아야 치료가 되는 경우를 많이 발견하게 된다.

한편, 스트레스를 받았다고 모두 몸에 나쁜 영향만 끼치는 것은 아니다. 어떤 사람들은 스트레스를 잘 관리하여 오히려 감정이나 육체적인 도약의 기회를 만들기도 한다. 그러나 어떤 사람들은 스트레스가 부정적인 영향을 끼쳐 정신적 · 육체적으로 나쁜 영향을 받는다. 따라서 우리가 스트레스와 건강을 다루다보면, 일반적인 건강의 해법이 많이 들어 있는 것을 발견하게 된다.

인간이 태어나서부터 죽을 때까지의 모든 변화는 살아가는 데 있어 스트레스로 작용할 수 있다. 인간의 뇌에는 '생명의 자리'라고 불리는 뇌간이 있는데, 이것은 생명을 유지하기 위한 신경이 모여 호흡이나 심장 활동, 체온 조절을 하며 자율신경의 반응을 관장한다. 뇌간 중에서도 간뇌라고 하는 부위는 신생아때부터 발달하며 외부 소음에 의한 스트레스로 인해 성격형성에도 영향을 미칠 수 있다고 한다.

스트레스를 날리면 병원과 약국의 매상은 뚝 떨어진다

2002년 월드컵 기간 중 약국의 매상이 뚝 떨어졌을 뿐 아니라 약국을 찾는 사람들의 발길도 뚝 끊겼다. 모 제약회사 영업사원 말에 따르면 의원과 병원도 환자의 발길이 뚝 끊어졌다고 한다. 이는 환자들이 월드컵으로 집이나 거리에서 경기를 응원하고 즐기며 스트레스를 다 날려버려 아픈 증상이 없어졌기 때문일 것이다. 심지어 일본 사람도 우리의 거리응원에 끼고 싶어 일본에서 날아왔다고 하니, 만병은 스트레스에서 온다는 것을 증명한 사건이었다고 볼 수 있다.

양약良藥이란 매우 효험이 있는 약이다

양약이란 '매우 효험이 있는 약'을 말한다. 매우 효험이 있는 약은 항정신병 약물이나 항우울제가 아니라 마음의 즐거움이라고 진리의 책인 성경은 분명히 말씀하신다.

> "마음의 즐거움은 양약良藥good medicine이라도 심령의 근심은 뼈로 마르게 하느니라" 잠언 17 : 22

이는 결국 어떤 과학적인 처방보다 마음의 즐거움으로 비로소 완전한 처방이 될 수 있다고 믿으며 하나님의 처방으로 못 고칠 병이 없음을 성경을 읽고 묵상할수록 아멘으로 받아들이게 된다.

어떤 목사님의 말씀으로는 성경에 제일 많이 나오는 명령어가 '두려워 말라' 라고 한다. 우리에게는 두려울 때 진정한 멘토인 예수님이 필요하다. 무명의 선수 박지성을 발굴하여 세계적인 스타로 키운 히딩크 감독을 선수와 스태프들은 '할아버지' 라는 애정어린 호칭으로 불렀다고 한다. 교회에서도 두렵고 떨릴 때 찾아가서 속내를 드러내 놓을 수 있는 할아버지 장로님, 아버지 같은 목사님, 형제 같은 집사님, 어머니 같은 권사님이 있다면 스트레스를 조절하는 데 매우 좋을 것이다. 그러나 우리의 스트레스를 다 받아주실 분은 우리를 택하시고, 우리와 같이 아플 수 있는 육신을 가지고 오셔서, 인간 중에 가장 힘든 스트레스를 이겨내신, 진정한 멘토가 되신 예수님이다.

즐거운 마음이 좋은 약인데 반해 심령의 근심은 뼈로 마르게 한다고 하신다. 여기서 '뼈로 마르게 한다' 는 것은 '피를 말린다' 고도 볼 수도 있다. 내가 어릴 때 어머니께서 너무 말을 안 들으면 "저 놈이 내 피를 말린다"고 하셨다. 부모의 입장에서 가장 큰 기대와 자신이 지구에 살고 있는 흔적을 남기는 분신인 소중한 자식이 말을 안 들으면 얼마나 상심하길래 피가 마른다고 했을까?

피를 만드는 뼈의 기능

뼈의 기능을 한 번 살펴보면 잠언의 17장 22절 "마음의 즐거움은 양약이라도 심령의 근심은 뼈로 마르게 하느니라"의 말씀에 기막힌 진리를 알게 된다(잠언 17 : 22). 뼈의 기능에는 지지와 보호, 지렛대 작용, 무기염을 저장하는 기능이 있으며, 혈액세포를 형성하는 기능이 있다. 골수는 태아 때부터 평생을 통해 조혈기능을 하는 조직으로, 특히 적색골수는 적혈구와 백혈구, 혈소판을 만든다. 뼈의 기능 중 중요한 것이 피를 만드는 일이다. 그래서, 몸의 상태를 알고자 건강 진단을 할 때 일반적으로 하는 것이 혈액검사다.

체온 조절을 하는 피의 기능

체중의 8퍼센트를 차지하는 피의 기능은 모든 조직에 영양을 공급하여 각 조직이 호흡하게 하고, 조직으로부터 생긴 노폐물을 배설기관으로 내보내는 것이다. 또 체온을 조절하며, 염증이 생기지 않도록 방어 역할을 한다. 피의 체온 조절기능으로 인간은 섭씨 36.5도의 체온을 유지할 수 있다. 특히 뇌신경은 섭씨 36.5도 이상을 싫어하므로 아이를 기를 때 머리는 시원하게 길러야 기억력에 도움이 된다. 목 위는 시원해야 생각이나 이성이 잘 조절되며, 배 아래쪽은 따뜻해야 소화도 잘 되고 배탈이 안 난다. 그러나 과도한 스트레스를 받으면 상열하냉上熱下冷의 상태가 되어, 모든 기가 머리 쪽으로 몰리면 열이 위로 치솟아 피를 말리고, 뇌의 영양상태가 나빠진다. 또 가슴이 두근거리며, 불안하고 초조하며, 불면증에, 악몽까지 겹치고, 기억력이 저하될 뿐 아니라, 머리 밑에 빨갛게 뾰루지가 난다. 심한 경우에는 가슴과 등에도 나고, 머리와 이마 등에서 땀을 비정상적으로 흘리게 되는 등 상초上焦가 더워서 오는 여러 가지 현상이 나타난다.

하복下腹이 차면 손발이 차고, 과민성 대장염, 변비, 설사 등이 오고, 신허腎虛로 인해 의지가 약해져 강박관념이 생기고, 꿈이 많아지고, 임신도 잘 안 되는 등 여러 가지 증상이 나타난다. 이렇게 스트레스를 받으면 열의 편재가 거꾸로 선 오뚜기처럼 몸의 위쪽이 덥고 아래쪽이 차서 몸의 균형이 불안해진다.

영어로 'blessed' 라는 말은 blood(피)에서 왔다고 한다. 즉, 피가 건강해야 복이라는 것이다. 서양 사람들은 상대방이 재채기만 해도, 'God bless you' 라고 하며, "하나님이 당신에게 복을 내려주기를 원합니다"라는 표현을 편지 말미에도 쓰고 일반적인 인사도 참 많이 쓴다. 일상의 생활 중에 예수님을 복의 근원으로 인정하는 사람에게는 하늘의 복이 있을 것이다.

피는 생명이다

혈액응고제를 첨가한 시험관에 혈액을 받아 원심분리해보면 위에 맑게 뜨는 액체가 혈장이고, 아래쪽으로 침전되는 것이 혈구이다. 혈장은 54퍼센트가 되며, 혈구는 45퍼센트이고, 경계선에 연막이 1퍼센트가 되는데 혈액검사를 할 때는 목적에 따라 혈액 전체를 쓸 경우도 있고, 혈장이나 혈청만 사용할 때도 있다.

혈액검사를 해보면 그 사람의 전체적인 건강상태를 짐작할 수 있다. 피가 모여 생명이 잉태되었기 때문에 우리 할머니들은 아기가 태어나면 '핏덩이가 태어났다' 고 표현했다. 이런 피는 생명 그 자체이며 우리가 '피 같은 돈' 이라고 할 만큼 피는 중요하다. 피를 건강하게 하는 것이 건강의 기본이다. 피가 생명이기 때문에 죄인의 생명을 구하는 데는 죄 없으신 예수님의 피가 필요하다.

03 스트레스의 종류와 원인

마태복음 11장 28절

수고하고 무거운 짐 진 자들아 다 내게로 오라
내가 너희를 쉬게하리라

스트레스란

스트레스란 생체의 항상성恒常性 : homeostasis을 방해하는 경향이 있는 육체적, 정신적, 정서적, 내적 또는 외적인 유해한 자극에 대한 생물학적 반응이라고 한다.

생체항상성homeostasis이란 안정된 내부 환경을 유지하려는 경향이다. 체온조절, 혈압조절, 혈액 내 혈당조절 등이 이에 속한다. 따라서 당분이 많이 든 음료수를 마신다고 해서 금새 당뇨병이 생기는 것은 아니다. 심혈관질환의 3대 주범의 하나인 고혈압도 한

두 번 화를 낼 때 혈압이 올라간 것을 고혈압 환자라고 하지는 않는다. 우리 몸은 하나님께서 병들지 않도록 신묘막측神妙莫測하게 만들어 놓으신 것이다.

사람이 산다는 것은 호흡을 통해 산소를 들이마시고, 탄산가스를 내 보내는 것이며, 날마다 음식물을 먹고 마셔 대소변을 배출하는 것이다. 이런 과정에서 생기는 에너지로 일하고, 움직이고 말하고 잠도 자는 것이다. 이런 작용은 자율신경계의 영향을 많이 받는다. 우리들이 병에 걸렸을 때도 어떤 의미에서는 약이 치료하는 것이 아니라 우리 몸이 지닌 자연치유력으로 인해 낫는 것이라고 할 수 있다. 약은 이 자연치유력을 긍정적인 방향으로 가도록 도움을 주는 역할을 한다고 생각한다. 만약 죽은 시체가 찢어졌을 때 항생제 연고를 바른다고 낫겠는가 말이다. 인체항상성이 정상으로 작동될 때 우리의 몸은 스스로 건강해지려고 노력한다.

스트레스의 종류

스트레스는 삶의 피할 수 없는 한 부분이며, 좋은 스트레스와 나쁜 스트레스로 나눌 수 있다. 우리를 노하게 하고 아프게 하는 스트레스가 장기적으로 간다면 육체적 또는 정신적 질병까지 유발할 수 있는데 이것을 나쁜 스트레스 혹은 부정적인 스트레스라고 부른다. 반면, 어떤 스트레스는 잠시 와서 우리를 긴장시키고 생산적으로 만들어주며 육체적 · 정신적으로 잠시 약해진 기능을 오히려 정상으로 갈 수 있게 하는 좋은 스트레스도 있다. 예를 들어 무사안일주의자인 고3 학생이 공부 잘하는 친한 친구를 만나 약간의 스트레스를 받아 열심히 공부해 좋은 대학에 입학하면 그 기쁨은 시험치기 전의 스트레스를 충분히 덮고도 남을 것이다.

수험생의 스트레스도 일반적인 원리만 알면 매우 쉽다. 예를 들어 혈액형이 AB형인 학생들은 성격이 분석적, 합리적이며, 통찰력이 예리하고, 머리 회전이 빠르며, 지나친 개인주의자들은 신경이 과민하여 정신적 스트레스를 받기 쉽다. 이런 학생은 집에서 잠언 말씀을 묵상을 할 수 있는 분위기를 만들어 주고, 돔, 요구르트, 땅콩, 오이, 가지, 셀러리 등으로 밥반찬을 해 먹이며, 꼭 먹고 싶어 하지 않으면 스트레스를 심하게 받을 시험기간에는 쇠고기, 돼지고기, 베이컨, 붉은 고추 등을 적게 사용하면 좋을 것이다.

또 사상체질로 분류하여 보면, 한번 시작한 일은 끝까지 결말을 보는 태음인 수험생에게는 새로운 문제로 겁주기 보다는 여태껏 풀어온 것을 실수 없이 풀도록 도와주면 좋을 것이다. 소양인의 고3 학생이라면, 명랑하고, 똑똑하며, 두뇌회전이 빠르다. 지구력이 부족하나, 봉사정신이 많으므로, 하나님과 사회를 위해 꼭 필요한 존재임을 강조하면, 목적이 이끄는 공부가 되어 아주 열심히 할 것이다. 또한 이런 소양인 체질의 학생이 오래 푸는 문제로 스트레스를 받을 때는 다른 과목을 공부하거나, 교재나 학원을 바꾸어 새로운 기분이 들도록 하고, 인내가 성공의 열매임을 성경의 묵상을 통해 깨우치도록 한다. 집에서 먹는 식사나 도시락에도 배변에 도움이 되는 식단을 짜고, 불면이나 두통을 호소할 때는 녹두, 메밀, 미나리, 수박 등의 음적인 음식이 좋으며, 인삼차는 고려해야 한다.

고3의 스트레스는 학생의 체질에 따른 본인과 가족들의 도움으로 많이 해결될 수 있다. 특히 주부는 식구들의 일용할 음식의 재료를 매일 건강과 인성의 상태에 따라 구입하는 것이 좋다.

화병이란

화병은 심중번열心中煩熱이라 하여 열이 가슴 한가운데로 모여 있다가 어디론가 폭발하기 전의 대기 상태를 말한다. 화병火病을 가짜 심장병이라고도 하며, 가슴에 맺힌 응어리를 풀기 위한 배출구를 찾지 못해 우울증이나 여러 가지 증세가 가슴앓이 현상으로 나타나는 울화병이다. 미국 정신과협회 '정신질환 분류' 교재는 화병을 한국인에게만 나타나는 증상으로 정의했다고 한다. 특히 한국의 목회자 사모들과 자녀들의 생활은 많은 교인들의 눈에 그대로 노출되어 '어항증후군'을 앓고 있다고 한다. 모든 성도는 사역자를 아끼는 마음으로 그들에게 스트레스를 주지 않도록 하고, 목회자의 가족들에 대해 지나치게 알려고 하는 것보다는 어느 정도 거리를 둔 사랑과 기도가 필요할 것이라고 생각한다.

화병은 불이 가슴에 담긴 병으로 열은 오르지만 체온은 올라가지 않는다. 양약의 체온을 떨어뜨리는 아스피린이나 타이레놀로는 열이 떨어지지 않는다. 식이요법, 생활요법과 하나님의 말씀을 묵상함으로 가슴의 불을 끄면 좋다.

부부와 스트레스 지수

스트레스 계수를 측정하는 방법에는 여러 가지가 있다. 일반적으로 배우자의 사망계수를 100으로 본다면, 가족 관계에서는 배우자의 사망(100), 이혼(73), 가족의 사망(63), 결혼(50), 임신 · 출산(39), 부부싸움(35), 자녀와의 대립(29), 아내의 일(26)의 순으로, 배우자의 사망을 가장 큰 스트레스로 꼽는다.

가정에서 아내와 엄마의 위치는 동서고금을 막론하고 중요하다. 한 가정의 스트레스는 엄마이며 아내인 여성의 감정에 좌우되는 경향이 크다. 상담을 해보면 사람마다 가정마다 눈물샘이 다 있다. 수년 전에 '빈둥지 증후군' 이라고 하여 주부 우울증의 원인 중 하나로 우리나라에도 신문에 많이 오르내렸던 적이 있었다. 하나님은 교회를 만드시기 전에 가정을 만드셨다. 그만큼 짝이 중요하다. 우리나라 말에 고무신도 짝이 있다고 하지 않는가? 예수님께서는 사람을 지으신 이가 남자와 여자를 지으셨다고 하셨다.

상담을 하다보면 의외로 서로의 성문제를 노출하지 못해 갈등을 하는 부부가 많다. 고린도전서 7장 5절의 말씀은 우리 그리스도인들은 부부가 항상 함께 잠자리를 해야 한다고 강력하게 권하고 있다. 수년 전에 남편과 미국에 살 때 함께 성경공부를 했던 친한 미국인 친구가 나 혼자 곧 유학을 올 예정이라고 했더니 너무나 걱정을 하면서 나에게 예쁜 종이꽃을 만들어 '1 COR 7 : 3~5' 라고 써서 주었다. 남편의 의무와 아내의 의무, 서로 각방을 쓰지 말라는 말씀이며, 지금도 그 종이꽃은 내 성경책 고린도전서 7장 5절 위에 붙어 있다. 나는 그 친구의 조언을 고맙게 받아들여 혼자 가려고 했던 유학을 포기했다.

스트레스를 받기 쉬운 "A형 타입"

영국 임상심리학자 아이젠크 박사의 성격 분류법에 따르면, A형은 경쟁심이 많고 야망이 크며 철저하고 다혈질이며 공격성 성격의 소유자로 스트레스를 받기 쉽다고 한다. B형은 처칠 대통령과 같은 타입으로 스트레스에 민감하지 않고 타협적인 성격의 소유자이며, C Cancer-prone personality형은 감정 표현을 자제하고 참을성이 강해 갈등상황을 회피하는 성격이어서 자기 주장이 약하고 감정을 억압한다. 스트레스를 받으면 적극적으로 헤쳐나가기 보다는 쉽게 무기력해지는 타입으로 암에 걸리기 쉬운 특성을 가지고 있다고 한다.

여기서 A는 Aggressiveness(호전적인)의 약자다. A형에 속하는 사람은 야심적 · 경쟁적인 성격으로 지나치게 청결하고 완벽주의를 지향하며 일중독workholism자가 많다. 또한 이런 타입에 속하는 사람들은 화를 잘 내며, 가만히 앉아 있지 못하고 서성이거나, 아동의 경우는 지나치게 부산하다. 어른인 경우는 술, 담배를 많이 하면서 남을 비난하는 말을 많이 하고, 남의 말을 듣기보다는 일방적으로 자신의 의견만을 말하는 제멋대로이다. 이런 A형에 속하는 사람은 심장병이나 뇌졸중 등의 증상을 일으키기 쉬우므로 생각의 전환과 더불어 삶의 스타일을 항상 하나님 면전이라고 생각하고, 말하고, 먹고, 행동해야 한다. 하나님께서 주신 자신의 장점을 최대한 활용하고, 단점은 고쳐서 자신을 고귀한 인품으로 만들어야 한다.

일반적 스트레스의 단계별 스트레스

스트레스를 자주 받으면 자율신경의 지배를 받는 모든 기관이 영향을 받는다.

제1기는 '경계반응기'다. 가장 먼저 나타나는 것이 피로이며, 몸이 찌뿌둥하고 졸리지만 하룻밤 푹 자고 나면 완전히 회복된다. 그리고 두통, 속쓰림, 소화불량, 불면, 탈모, 변비, 묽은변 등의 증상이 나타나고, 잘 놀라는 등의 증상이 나타난다.

제2기는 '저항기'다. 스트레스로 인해 몸이 저항하는 시기다. 이때에도 가벼운 스트레스를 잘 견뎌냄으로써 오히려 건강이 좋아질 수도 있다. 제1기보다는 좀 더 심각한 증상이 나타나는데, 두통, 편두통, 요통, 암, 우울증, 설사, 게실증, 고혈압, 정력 감퇴, 췌장질환, 소화기 궤양 등이 온다.

제3기로 접어들면, 스트레스의 강도는 더 높아지고, 몸에 피로가 쌓이고 저항력이 떨어져 탈진기가 된다. 이 지경까지 두면 우리의 몸은 회복할 시간적 여유가 없어질 수도 있다. 이때 나타나는 증상은, 심장박동수가 증가하고, 숨이 가쁘고, 콜레스테롤 수치가 상승할 수 있다. 이때는 스트레스 상황에서 도망치거나 아예 부딪치는 경우가 있다. 또한 식욕이 없어지면서 아예 숟가락을 들지 않는 경우도 있다.

마지막으로, 최후의 상태라고 표현할 수 있는 단계가 있는데,

일반적인 스트레스로 인해 일어나는 경우는 드물다. 그러나 이런 상태까지 가면 면역계가 약화되고, 고혈압에 이어 콜레스테롤치도 올라가고, 심한 두통, 불면, 우울증 같은 것이 심각할 정도에 이르기도 한다. 여기까지 갈 정도로 방치하면 안 된다. 그 전에 하나님께 우리의 몸을 정상화시켜 달라고 기도하기 위해 무릎을 꿇어야 한다.

부정적 스트레스의 단계적 상황

우리는 흔히 분노를 잘하는 사람을 보고 불같은 성격이라고 한다. 분노는 주로 불에 비유된다. 성경에서도 예레미야 애가 2장 3절에 여호와의 진노가 나타나는데 하나님의 분노의 표출을 불로 나타내고 있다. 그 뿐만이 아니다. 여호와의 분노가 실제적인 진노의 불로 나타나 모세와 아론을 거슬려 여호와께 패역한 고라에게 동조했던 무리 250명을 삼켰다(민수기 16 : 35). 노하기를 더디 하시는 하나님도 화나시면 불 같은 성격이 되신다. 여호와의 속을 태워서는 안 된다. 특히 성경에 흐르는 내용을 보면 하나님은 우리가 하나님을 떠나 이방신으로 가는 것을 사랑하는 아내가 간음한 것으로 비유하시고 불같이 분노하신다. 우리말로도 속이 탄다고 하듯이 영어에서도 'burn-in' 으로 표현한다.

분노의 단계를 나타내면 다음과 같다.

1단계-속이 탄다 : 이 단계를 'Burn-in'의 상태라고 한다. 부정적인 스트레스를 받으면 자기도 모르게 '속 탄다'는 말을 많이 한다. 어릴 때 어머니들이 '저 놈이 내 속을 태운다'는 말을 많이 하시는 것을 들었다. 이런 속이 타는 상황은 회복이 대체로 잘 된다.

2단계-속에서 불이 난다 : 이 단계를 'Burn-out'이라고 한다. 이때는 말도 하기 싫고 만사가 귀찮지만, 육체적으로 폭발적인 행동을 할 수도 있다.

3단계-뚜껑이 열린다 : 이 단계는 'Burn-up'이라고 한다. 부정적인 스트레스가 너무 오랫동안 해결되지 않고 심각한 상황에 이르게 되면 건강을 심히 해치게 된다. 이 단계에서는 소망도 없고, 우울증이 나타나며, 폭식을 하기도 한다. 특히 이 정도가 되면 믿지 않는 사람의 경우는 술이나 마약 같은 것에 빠지기도 한다. 이때는 빨리 전문의를 찾아야 한다.

하나님 안에는 진노와 긍휼이 구별되어 있다. 하나님의 진노는 아담과 하와를 에덴동산에서 쫓아내셨지만 짐승의 가죽 옷을 입혀 보내심으로 진노하심 중에도 긍휼을 베푸신다. 상대방이 분노하지 않도록 하며, 더 나아가 분노를 일으키는 대상에게 분을 삭히고 용서하는 것이 최고의 스트레스 해소법이 될 것이다.

그러나 이 부분에서 리꾀르P. Ricorur는 유대인의 학살에 대한 독일의 속죄처럼 반성과 화해는 신의 은총이 작용해야 가능하다고 했다. 인간의 마음으로는 용서하는 것이 쉽지 않다. 하나님의 은총이 있어야 형제도 용서할 수 있는 것이다.

연령별 스트레스

"잘 들어라. 누구든지 어린이와 같이 순진한 마음으로 하나님 나라를 맞아들이지 않으면 결코 거기 들어 가지 못할 것이다" 누가복음 18 : 17, 공동번역

순진한 마음을 가진 어린 아이도 스트레스를 받고 산다. 1999년 10월 일본 후생노동성 전국 조사팀의 발표에 의하면, 일본의 3세 이상 어린이 중 약 6퍼센트가 마음의 갈등으로 인해 피로나 복통 등의 신체 증상을 호소한 심신증心身症 또는 신경증으로 진단됐으며, 이와 비슷하다고 의심되는 어린이까지 포함하면 약 10퍼센트에 달한다는 사실이 밝혀졌다.

유대인 부모는 자녀를 어려서부터 공부시키는 데, 특히 성경공부는 5세 때부터 시킨다고 한다. 이스라엘의 초등학교에서는 선생님이 히브리어 알파벳 22자를 꿀에 손가락을 찍어 쓴다고 하며, 앞으로 배울 것은 모두 이 22자에서 출발하며 배움은 꿀처럼 달다

는 것을 가르친다고 한다. 스트레스를 받지 않고 배워서일까 노벨상 수상자의 상당히 많은 수가 유대인인 것은 우리 모두가 아는 사실이다. 스트레스를 받지 않고 공부하면 잘 할 수 있다.

유·소아기에는 하루 10시간 이상 충분히 수면하기를 권장한다. 이는 성장호르몬이 숙면 1시간 후부터 분비된다고 하며, 가장 많이 나오는 시간은 밤 10시부터 새벽 2시까지라고 한다. 따라서 성장기에는 부정적인 스트레스를 적게 받고 충분히 잠을 잘 수 있게 밤에 게임이나 텔레비전에서 멀어지도록 관리하는 것이 중요하다. 또한 신선한 제철 식품을 먹이며, 일광욕을 알맞게 해서 피부를 건강하게 하며, 뼈를 튼튼하게 하고, 병에 대한 저항력을 높이도록 하여 스트레스에 잘 견딜 수 있게 기초 체력을 만들어 준다.

스트레스를 가능한 적게 받고 건강하게 키우는 것이 과학적인 자녀 양육이라고 생각한다. 어려서부터 하나님의 목소리를 청종聽從하지 아니한 습관을 지녔던 유다 말기의 여호야김 왕은 왕이 되어서도 악한 왕이었다.

"네가 평안할 때에 내가 네게 말하였으나 네 말이 나는 듣지 아니하리라 하였나니 네가 어려서부터 내 목소리를 청종치 아니함이 네 습관이라" 예레미야 22 : 21

고요하고 거룩한 밤에 성령의 아홉 가지 열매가 가득 찬 성령님으로 잉태되어 태어나신 아기 예수님은 순하고 착하셨으며, 12세 때 성전에서 성경에 대한 문답을 하셨다. 자라면서도 부모님 말씀 잘 순종하고 돌아가실 때도 어머님의 노후를 확실히 부탁하고 가신 성경의 대표적인 효자였다. 예수님은 근본 하나님의 본체(빌2 : 6)시나 완전하신 인간이시므로 연령에 따른 모든 과정에서 스트레스를 잘 관리하고 자라셨다고 생각한다(마태복음 1 : 18).

스트레스로 많은 병이 생기면 대개 시골로 간다. 치유 센터들이 숲 속이나 강가, 바닷가 같은 자연을 끼고 있다. 예수님은 성인이 되셔서 공생애 기간 중에 주로 자연을 비유하며 말씀하셨다. 하늘 나는 새를 보라, 들에 백합화를 보라고 하시면서 천지를 창조하신 하나님의 작품을 감상하게 하셨다.

딸이 미국에서 초등학교 1, 2학년 때 피아노를 전공하기 위해 많은 유명한 선생님의 레슨을 받으러 다닌 적이 있다. 한번은 당시 캘리포니아 최고의 피아니스트에게 줄이 닿아 특별 레슨을 갔는데 이 할아버지 선생님은 아이에게 산에서부터 흘러내려오는 물소리를 듣게 했다. 또 그 옆에 나뭇잎이 물에 닿을 듯 말 듯 쳐져 있고, 나뭇잎이 떨어져 흐르는 물에 떠내려가는 곳에 데리고 가서 그 소리를 듣게 하고 그 꽃의 향기를 맡게 하며, 그 꽃과 물, 하늘의 조화를 느끼게 하고 그것을 아이로 하여금 음악으로 표현하게 했다. 그때 나는 '최고의 피아노 레슨의 힘은 자연의 소리를 재현하는 것이구나' 하고 생각했다. 이 세상 최고의 음악가, 미술가, 조각가는 하나님이시다. 인간의 작품은 하나님의 것을 흉내 내는 것이다. 이것이 사람이 오직 하나님께만 영광을 돌려야 하는 이유 중 하나다.

연령에 따른 스트레스를 가정과 사회가 함께 고민해야 하며, 무엇보다 교회가 나서야 한다. 성장해야 할 10대들이 임신을 하여 뱃속에서 생명을 키우게 되니 엄마도 아기도 바로 자랄 수 없고 뱃속의 아기가 출산되지 못하는 안타까운 경우도 있다. 오래 전 신문에서 읽었는데, 애 늙은이 '트윈tween 세대'에 관한 내용이 있어 관심을 가지고 읽어보았다. '트윈 세대' 란 외형은 꼬마지만 까다롭게 소비하고, 국제적 사고를 하는 10세 전후의 아이들을 미국에서 부르는 말이라고 한다. 얼핏 들으면 상당히 부르주아적 단어처럼 생각되지만 자기 나이에 따른 단순성이 없으니 그들의 스트레스는 더욱 복잡할 것이라고 생각한다.

연령에 따른 스트레스를 보면, 스트레스가 없는 연령이 없다. 주부의 스트레스, 폐경을 맞는 여성들의 우울증, 아빠들의 가정에 대한 책임감, 외로움 등 이루 헤아릴 수 없는 스트레스에 직면하고 있지만 이 모든 것은 결국 예수님 앞에 그 짐을 내려놓는 수밖에 완치는 없다. 예수님은 지금도 우리에게 말씀하신다. 피로에 몸이 무겁고, 스트레스에 눌려 몸과 마음이 무거운 자들아 다 내게로 오라고 하신다.

"수고하고 무거운 짐진 자들아 다 내게로 오라 내가 너희를 쉬게 하리라" 마태복음 11 : 28

직업에서 오는 스트레스

스트레스로 인해 뇌, 심혈관계 질병으로 사망하는 근로자의 수는 IMF 이후부터 늘어나기 시작해 매년 증가하는 추세라고 한다. 이러한 '스트레스성 직업병'은 정보가 만연하고, 문명이 발달하고, 사회가 복잡해질수록 더욱 증가할 것으로 생각한다.

미국 심리학회에 제출된 미식축구 선수, 종양학 간호사, 군 인사 책임자의 건강과 스트레스에 관한 보고서를 보면, 미식축구 선수에게 충격적인 부상은 상당한 스트레스가 되며, 종양학 간호사들에게는 의사들과의 업무 처리과정, 환자들의 심한 고통과 그들이 회복되지 못하고 죽음으로 가는 것을 보면서 많은 스트레스를 받는다고 한다. 내가 접했던 분들 중에는 성악 전공자들이 입시나 공연을 앞두고 갑자기 목에 뭔가 낀 것처럼 소리가 잘 안 나오고, 밀폐된 공간에 들어가면 가슴이 답답하고, 숨이 차는 등의 증상을 호소하는 분들이 많았다. 목회자들은 스트레스가 없는 것 같지만 그분들도 스트레스를 받기는 마찬가지다. 우리가 힘들고 어려울 때 목사님들을 찾아가지만, 완전한 상담과 치유는 예수님 한분밖에 없다. 세계 최고의 설교자이신 스펄전 목사님이 50대에 돌아가셨을 때, 그의 부인이 남편은 설교 때문에 죽었다고 했다고 한다. 최근에는 우리나라에 자살하는 사람이 늘어나는 추세인데 이런 현상도 스트레스로 순간을 참지 못해서인 경우가 많을 것이다.

감정 노동자들의 스트레스

화려한 직업을 가진 사람들 가운데 남을 웃기기 위해 자신의 감정이 피폐해지는 것을 많이 볼 수 있다. 감정 노동emotional labor이란 다른 사람의 감정을 위해 자신의 감정을 규제하는 행위를 뜻한다고 한다. 고객을 왕으로 모셔야 하는 서비스 직종에 근무하는 사람들은 대개 감정 노동자의 스트레스를 가지고 있다고 본다. 이런 감정노동자에게 나타나는 증상은 의욕상실로 인한 심신의 피로, 소화불량, 불면증, 과민성 대장증후군 등의 심인성心因性 질환을 호소하며, 근무지를 벗어나면 불편한 증상들이 사라지거나 줄어든다.

목회자, 영업사원, 자영업자, 의사, 약사, 간호사 등 대부분의 직업은 고객만족이니 고객감동이라는 단어 하에 참아야하고 항상 미소를 띠어야 한다. 예쁘게 인사하는 것이 공중을 나는 스튜어디스만의 예절이 아니어서 많은 직장에서 CS교육Customer Satisfaction

등의 예절 교육을 시키는 것은 이미 오래된 일이다. 특히 주님의 종들은 누구에게나 친절해야 하고 원수 같은 성도를 만나도 웃으면서 먼저 악수를 청해야 하는 감정 노동자 중의 노동자라고 생각한다. 그래서 우리는 더욱 주의 종들에게 잘해야 한다.

2007년 7월 14일, 상암월드컵경기장에서 열린 한국교회 대부흥 100주년 기념 상암서울대회에서 옥한흠 목사님께서 설교하실 때 하나님의 쓴소리를 들려주어야 할 때 적당히 달래가면서 전달하셨다면서, 자신이 복음을 변질시킨 당사자라고 고백하심을 들었다. 그때 복주는 말씀만 듣기 좋아했던 나의 모습을 발견하며 나를 영적으로 가르치셨던 그동안의 많은 목사님들께 미안하고 죄송하기 그지없었던 마음에 부끄러움을 감출 수 없었다.

십일조 계산하는 사람만 40여 명이었다는 세계적인 거부 록펠러는 가난한 과부의 아들이었다고 한다. 그의 어머니는 록펠러가 어릴 때부터 무릎에 앉혀놓고 머리에 손을 얹고 기도하면서 "너는 일생동안 주의 종의 마음을 기쁘게 하는 사람이 되어라"고 했다고 한다.

우리 몸의 세포는 약 0.9퍼센트의 소금의 농도로도 내장이 썩지 않으며, 바닷물은 약 3퍼센트로 물고기가 힘차게 수영하며 살고 있다. 이 땅의 그리스도인은 나를 포함하여 이렇게 많은데 이 사회는 어두운 소식이 너무 많이 들린다. 믿는 자들이 모든 일을 하나님 면전에서 하듯이, 감정 노동자들의 스트레스를 이해하고, 소비자의 입장이 되었을 때 양질의 고객이 되고, 영업 직원에게 좀 더 친절하다면, 사회는 믿는 자들로 인해 따스해질 것이다.

> "무슨 일을 하든지 마음을 다하여 주께 하듯 하고 사람에게 하듯 하지 말라" 골로새서 3 : 23

04 죄의 무게

로마서 6장 23절

죄의 삯은 사망이요
하나님의 은사는 그리스도 예수 우리 주 안에 있는 영생이니라

흙으로 빚어 만든 사람

"여호와 하나님이 흙으로 사람을 지으시고 생기를 그 코에 불어넣으시니 사람이 생령이 된지라" 창세기 2 : 7

"이 말씀을 하시고 그들을 향하사 숨을 내쉬며 이르시되 성령을 받으라" 요한복음 20 : 22

하나님은 흙으로 사람을 빚으시고~, 만일 하나님이 여기까지 하시고 그만 두셨다면 우리는 아마 그때 그 모습으로 지금도 바람

이 불거나 외부의 압력이 없는 한 천년만년 장승처럼 움직이지 않고 그대로 서 있었을 것이다. 그런데 하나님께서 만드신 흙의 모양에 생기를 불어 넣으심으로 감정이 있고 움직이는 생물이 된 것이다. 먼지인 우리가 생물이 되면서 많은 생각의 죄, 행동의 죄 등 온갖 죄를 지음으로 죄의 무게는 엄청나게 늘어 인간은 이 세상에서 지은 죄에 대한 값을 갚을 수 없게 되었다. 그런데 한 사람도 아니고 이 지구에 살았던 모든 사람의 죄와 현재 살고 있는 사람의 죄, 앞으로 이 세상에 올 사람의 죄를 합하면 무엇으로 그 죄를 다 갚을 수 있을까? 사람은 할 수 없고, 그렇다고 동물을 잡아서 할 수도 없고, 제물은 죄 없으신 온전한 참 인간이자 참 신이신 예수님밖에 없음을 알게 되었을 때의 그 십자가의 감사함은 이루 말할 수 없었다. 그래서 예수님께서 왜 주는 그리스도이심을 고백한 수제자 베드로에게 화를 내셨는가도 알게 되었다.

"이 때로부터 예수 그리스도께서 자기가 예루살렘에 올라가 장로들과 대제사장들과 서기관들에게 많은 고난을 받고 죽임을 당하고 제삼일에 살아나야 할 것을 제자들에게 비로소 나타내시니 베드로가 예수를 붙들고 항변하여 이르되 주여 그리 마옵소서 이 일이 결코 주께 미치지 아니하리이다 예수께서 돌이키시며 베드로에게 이르시되 사탄아 내 뒤로 물러 가라 너는 나를 넘어지게 하는 자로다. 네가 하나님의 일을 생각하지 아니하고 도리어 사람의 일을 생각하는도다

하시고" 마태복음 16 : 21-23

모든 물건은 부서지면 처음 재료였던 상태로 돌아간다. 흙인 우리의 육체는 흙으로 돌아간다. 그래서 이 한 몸 아끼지 않고 예수님께서 걸어가신 십자가의 길을 열심히 갈 수 있어야 하는데 이것이 이렇게 힘들어서 어떻게 성도라고 할지 신앙인으로 불리기가 두렵고 떨린다.

"네가 흙으로 돌아갈 때까지 얼굴에 땀을 흘려야 먹을 것을 먹으리니 네가 그것에서 취함을 입었음이라 너는 흙이니 흙으로 돌아갈 것이니라 하시니라" 창세기 3 : 19

하나님이 사람을 만드실 때 왜 하필 흙을 가지고 만드셨는지 궁금했던 적이 있다. 알고 지내던 S대 미대 황 교수님과 언젠가 이런 이야기를 했었는데 그 분은 이렇게 말씀하셨다. 생명을 잉태하는데 사용된 재료는 흙뿐이다. 하나님께서 흙으로 사람을 만드신 것은 흙이 지구상에 가장 풍부한 재료이며, 가장 일하기 쉬운 재료이고, 무엇인가를 만들 수 있는 능력도 무궁무진하며, 또 성령의 불로 들어가면 전혀 다른 것으로 바뀌어 단단해지기도 하고, 보석같이 만들 수도 있다고. 즉, 이 세상에서 가장 싼 흙이 가장 비싼 것으로 바뀔 수 있다. 또 흙은 물과 섞이면 언제든지 풀어진다. 작품을 만들어 가마를 열 때는 기대했던대로 나오지 않아 항상 두려움이 앞선다. 그 자리에서 버리고 싶은 것이 더 많다. 그런데 그것을 버리지 않고 두면 나중에 참 예쁘고 요긴하게 쓰이기도 한다. 이와 같이 인간을 만들기 위한 가장 처음의 재료는 흙이었다.

많은 조각가들이 하나님의 흉내를 내어 비너스상도 만들고 생각하는 사람도 만들지만 그것은 움직이지도 않고 숨도 쉬지 않는다. 그런데 흙먼지로 만든 인간의 몸은 너무나 정교하게 되어 있어 아주 작은 스트레스에도 가슴이 아프고, 슬픈 일에 눈물이 흐르는 단순하지만 복잡하게 만들어져 있다.

> "하나님이 그들에게 복을 주시며 그들에게 이르시되 생육하고 번성하여 땅에 충만하라, 땅을 정복하라 바다의 고기와 공중의 새와 땅에 움직이는 모든 생물을 다스리라 하시니라" 창세기 1 : 28

흙의 용도는 다양하다. 우리가 어릴 때 가마 솥에 불을 때 밥을 해먹던 아궁이의 흙은 치료제로 사용된다. 흙집에 살 때는 흙벽이 냉기와 열기를 알맞게 차단하여 여름에는 별로 덥지 않고, 겨울에는 춥지 않았다. 단독 주택인 집에서는 방 한 칸 정도는 흙방으로 꾸며보자. 어릴 때 군불을 지펴 뜨끈뜨끈한 아랫목에 누워 흙벽에서 나오는 흙냄새를 맡으면서 낮잠 자던 그 때가 그립다. 이스라엘에 가보니 항아리가 모두 유약을 바르지 않고 그냥 흙으로 만들어 말린 상태로 사용하고 있었다. 토기장이의 비유가 좀 더 가슴에 다가왔다. 흙으로 만든 항아리는 숨을 쉰다. 우리 어머니들은 쌀도 항아리에 넣어두었고, 간장, 된장, 고추장 모두 항아리에 넣어두었다. 그런데 요즘은 슈퍼마켓에서 플라스틱에 넣어 파는 된장, 간장을 먹고 있으니 우리의 재료인 흙으로 만든 항아리에 담근 음식을 먹을 때보다 아토피성 피부염도 많고 알러지성 질환도 많아지고 있는 것 같다. 할머니가 항아리에 넣어 두었다가 손녀가 왔다고 꺼내주는 홍시는 매우 차고 맛있었다. 그 뿐인가 우리 어머니가 아궁이에 앉아 불을 때 지어준 밥맛은 다시 맛볼 수 없을 것이다. 진나라의 시황제는 흙을 가지고 많은 인부들을 동원하여 흙인형, 군마, 전차 등 마치 사열직전의 군대처럼 엄숙한 대열을 이룬 채 죽 늘어져 있게 만들고, 불로초를 구하려 하였으나 그는 죽었다. 진시황이 성경 고린도후서 4 : 16을 읽었다면 불로초를 찾기 위해 헤매는 수고를 덜지 않았을까?

> "그러므로 우리가 낙심하지 아니하노니 겉사람은 낡아지나 우리의 속사람은 날로 새로워지도다" **고린도후서 4 : 16**

운명을 바꿀 수 있는 분은 오직 예수 그리스도 한 분이심을 그가 몰랐던 것이다.

건강한 상태란

질병을 영어로 'disease '라고 한다. 단어를 풀어보는 습관이 있는 나로서는 이 단어를 풀어보면서 얼마나 감동을 받았는지 모른다. 'disease' 를 풀어보면 'dis–' (부정의 뜻)+ 'ease' (마음이 편함)의 뜻이 함유되어 있으니까 편안한 상태가 아니다로 생각할 수 있다. 사람이 편안하지 않을 때는 언제인가?

부모님 말씀을 듣지 않았을 때 마음이 편치 못하다. 부모님 몰래 야한 동영상을 보는 아이들의 마음은 편하지 못하고 가슴이 조마조마하다. 우리 조상인 아담 할아버지는 하나님 아버지께 disobey(불복종)했을 때 마음이 편하지 못했을 것dis–ease이다. 『빙점』의 작가 미우라 아야꼬는 "인간의 죄는 아담과 하와의 불순종에서 시작하여 친동생을 죽인 가인의 죄를 거쳐 면면히 이어져 내려왔다"고 했다. 그렇다. 하나님께 복종하지 않았던 것이 죄다.

> "…이르시되 너희가 너희 하나님 나 여호와의 말을 들어 순종하고 내가 보기에 의를 행하며 내 계명에 귀를 기울이며 내 모든 규례를 지키면 내가 애굽 사람에게 내린 질병 중 하나도 너희에게 내리지 아니하리니 나는 너희를 치료하는 여호와임이라" 출애굽기 15 : 26

하나님의 형상대로 지음 받은 최초의 인간 아담이 불순종의 죄를 지어 '선악과' 를 따 먹었기 때문에 인간인 우리는 반드시 죽게 되었다.

"선악을 알게 하는 나무의 열매는 먹지 말라 네가 먹는 날에는 반드시 죽으리라 하시니라" 창세기 2 : 17

따라서 하나님의 형상을 회복하는 방법은 오직 하나님께 완전히 순종하신 예수님을 믿는 길밖에 없다.

"한 사람의 순종하지 아니함으로 많은 사람이 죄인 된 것같이 한 사람이 순종하심으로 많은 사람이 의인이 되리라" 로마서 5 : 19

우리가 중생born-again하여 거듭나는 길은 예수 그리스도의 영으로 거듭나는 것 밖에 없다. 창조주 하나님께서 흙에 생기를 불어넣어 주신 영, 예수님께서 제자들에게 부어주신 영으로 거듭나면 우리는 치유되는 것이다. 예수님을 믿는 것이 '의' 라고 했다. 이 부분에서 또 한자를 나누어 보았다. '義' 를 가만히 보았더니 '羊' (양 양) 아래에 '我' (나 아)가 있다. 어린양 예수님이 나를 위해 대신 죽으셨으니, 그 분 아래에 내가 있고, 어린양 예수님의 말씀에 순종할 때 '의' 가 아니겠는가 하고 묵상해본다.

"여호와 하나님이 흙으로 사람을 지으시고 생기를 그 코에 불어넣으시니 사람이 생령이 된지라" 창세기 2 : 7

"이 말씀을 하시고 저희를 향하사 숨을 내쉬며 가라사대 성령을 받으라" 요한복음 20 : 22

다음은 내가 생각하는 하나님과 함께하는 건강법이다. 건강한 사람이 하나님께서 언약하신 말씀대로 살지 못하면 질병이 오게 마련이고, 거기에 먹을거리와 삶의 양식을 성경말씀대로 행치 못하고 계속 불순종한다면 죽게 마련이다. 하나님의 말씀에 불순종하였을 때 회개하라고 하는데, 하나님의 말씀에 하지 말라는 염려를 하고, 기름진 고기를 열심히 먹고, 술도 열심히 마시고, 줄담배를 피우며, 화를 내면서 살다보면 어느 날 병원으로부터 원치 않는 큰 병의 진단을 받을 수도 있다. 그러나 하나님의 말씀 가운데서 평강을 찾고, 기름과 피는 하나님의 것이니 구약의 말씀대로 피하고, 예수님께서 디베랴 바닷가에 제자들을 위해 숯불에 구운 생선을 주셨듯이 아내의 사랑이 담긴 숯불에 구운 생선과 함께 새로 지은 아침밥을 먹고 출근하여 보라. 하루 종일 아내를 생각하면서 행복하고, 새 밥의 곡기穀氣가 하루를 지탱하게 하며, 성자 예수님과 함께 동행하면서 성령하나님의 인도함으로 골치 아픈 상황도 넉넉히 견디며, 성부 하나님께 가슴 아픈 상황을 다 보고드리고 그렇게 매일 매일을 살다보면 비만한 몸은 정상 체중을 되찾고 건강을 회복하게 될 것이다. 피 속의 기름기는 제거되어 고지혈증이 치료될 것이며, 피 속의 당분은 정상으로 되어 당뇨병이 치료될 것이며, 몸의 이곳저곳이 질서를 찾게 될 것이다. 병을 영어로 disease(편하지 않음)라고도 하지만 disorder(질서가 깨어진 것)라고도 하는데 단어의 뜻대로 우리가 평강을 얻지 못해도, 우리 몸의 질서를 잃어버려 병이 생기는 것이다.

죄의 무게

"죄의 삯은 사망이요 하나님의 은사는 그리스도 예수 우리 주 안에 있는 영생이니라" 로마서 6 : 23

'나의 죄의 무게는 어느 정도일까?' 하고 생각해 본적이 있다. 시편 기자는 죄가 머리털보다 많다고 했다.

"수많은 재앙이 나를 둘러싸고 나의 죄악이 나를 덮치므로 우러러 볼 수도 없으며 죄가 나의 머리털보다 많으므로 내가 낙심하였음이니이다" 시편 40;12

더 나아가 남편의 죄, 아들과 딸의 죄의 무게까지 계산해보자. 더 나아가 이 세상을 살다 간 사람들의 죄의 무게와 앞으로 태어날 사람들의 죄의 무게를 환산한다면 얼마나 무거울 것이며, 그 값은 얼마 정도에 다 해결될까? 100년 징역? 아니면 사형? 환산이 되지 않는다. 그러다 깜짝 놀라 섬광처럼 접시 저울이 떠오르면서 간단히 죄의 값을 해결할 수 있는 길이 보였다. 그렇다. 만민의 죄의 무게는 얼마나 될까? 예수님은 얼마나 많은 죄를 질 수 있으시길래 '수고하고 무거운 짐 진 자들은 다 내게로 오라' 고 하실까? 죄의 값은 사망이라고 하셨는데 아무리 세계의 가장 큰 부자라도 생명을 돈으로 살 수는 없다. 그렇다. 이 지구를 움직이시는 하나님이 아니신가? 말씀으로 우주을 만드신 분이 아니신가? 그분이 말씀이 육신이 되어 오셔서, 무한대의 죄를 다 짊어질 수 있는 십자가에 달리신 것이다.

"생명을 속량하는 값은 너무나 엄청난 것이어서 아무리 벌어도 마련할 수 없는 것이다" 시편 49 : 8, 표준새번역

병을 또 다른 말로 'well-being' 이 아니고 'ill-being' 'bad-being' 이라고 할 수 있다. 따라서 우리는 병이 오기 전pre-disease의 상태일 때 우리 몸을 건강 상태로 돌려놓아야 한다. 우리 몸의 균형이 맞아야 건강하다. 너무 체중이 많이 나가도, 너무 체중이 적

게 나가도 정상이 아니다. 너무 혈압이 높아도 너무 혈압이 낮아도 정상이 아니다. 성령의 열매 중에 절제의 열매가 있음을 기억하자.

건강한 사람이란

WHOWorld Health Organization에서 말하는 건강의 정의를 보면, 'Health is a state of complete physical, mental and social well-being and not merely the absence of disease or infirmity.' 라고 되어 있다.

세계보건기구WHO에서 말하는 건강의 정의를 보면 '건강이란 단순히 질병에 걸리지 않거나 허약하지 않은 상태를 뜻하는 것이 아니라 신체적 · 정신적 · 사회적으로 완전히 안녕한 상태를 의미한다' 라고 되어 있다. 나는 오래 전부터 여기에 영적인 것을 포함시키자는 의견을 제시해왔다. 왜냐하면 우리를 살리는 것은 영이기 때문이다. 육체만 건강하면 건강한 돼지와 무엇이 다른가?

"살리는 것은 영이니 육은 무익하니라 내가 너희에게 이른 말은 영이요 생명이라" 요한복음 6 : 63

세계보건기구의 정의대로라면, 자신이 완전하게 건강하다고 생각하는 사람은 없을 것이다. 그래서 우리는 만병을 고치시는 의사이신 예수님이 필요한 사람들이다.

"예수께서 들으시고 이르시되 건강한 자에게는 의원이 쓸 데 없고 병든 자에게라야 쓸 데 있느니라" 마태복음 9 : 12

즉, 병든 몸이 새롭게 되는 데에는 주 예수님의 거룩한 주 보혈이 우리의 영과 몸과 가정과 사회와 공동체를 새롭게 하신다. 대부분의 병은 나아도 재발이 잘 된다. 그런데 성경에 예수님이 고치신 병이 재발되었다는 기사는 없다. 이는 예수님은 영적 · 신체적 · 정신적 · 사회적으로 모두 다 고치기 때문이라고 생각된다. 왜냐하면 그 분이 우리 몸을 만드신 분이시기 때문에 어디가 고장났는지 엑스레이를 찍어 보지 않아도, 혈액검사를 하지 않아도 하나님이신 예수님은 다 아신다. H사의 자동차가 고장나면 D사나 S사의 자동차 회사보다, H사의 자동차회사에서 더 잘 고치듯이, 우리 몸의 모든 증상을 완전히 고치는 방법은 우리 몸을 지으신 하나님께 맡겨야 모든 것이 해결된다.

영어로 나이를 물을 때 How old are you?(너 몇 년 늙었니)라고 묻는다. 태어나는 순간부터 노화되는 우리의 몸을 날마다 새롭게 건강한 몸으로 만드는 것은 우리 각자가 만들어진 재료는 다같이 흙이지만 자기 체질에 따라 다르기 때문에 우리의 체질을 아시는 하나님께 아뢰고 치료방법을 찾아야 한다(시편 103 : 3, 시편103 : 14).

이런 치유자 하나님의 말씀에 귀를 기울이면 하나님은 성경말씀을 통해 자세하면서도 구체적으로 가르쳐 주신다.

> "내 아들아 내 말에 주의하며 내가 말하는 것에 네 귀를 기울이라 그것을 네 눈에서 떠나게 하지 말며 네 마음 속에 지키라 그것은 얻는 자에게 생명이 되며 그의 온 육체의 건강이 됨이니라" 잠언 4 : 20-22

건강한 사람이란 영양면에서 완벽하게 자기 몸에 잘 맞추어 먹고, 운동도 잘 맞추어 하고, 모든 대인관계를 위시해서 환경에서도 가장 완전한 편안의 상태라고 볼 수 있다. 그렇다면 죄의 굴레에 있는 사탄의 세력 아래 있는 우리에게 온전히 건강한 사람은 영적으로도 육적으로도 없다.

스트레스로 인한 것인지의 판단기준

오래 전 금강산 관광 중 북한에 억류됐던 민영미 씨의 증상은 신변에 위협을 느낄 정도의 상황에 노출되어 나타난 '급성 스트레스 반응' 이라고 진단했다는 신문기사를 본 적이 있다. 연이은 내용설명에 따르면 이런 상황은 가능한 빨리 정상 생활에 복귀해야 하고, 환자의 3분의 1정도는 우울증 등을 동반하며 증상이 장기화 할 수도 있다고 되어 있었다.

스트레스로 오는 병의 특징은 특별한 심리적인 증상이 나타난다는 견해가 많다. 똑같은 위의 통증이라도 위의 통증만 호소하는 경우와 이유 없이 여기 저기 통증을 호소하는 경우가 있는데, 이때 주증상 외에 이유를 찾기 힘든 세 군데 이상의 통증이 있다면 스트레스 증상의 가능성이 높다고 할 수 있다. 대부분의 스트레스는 병원에서 많은 검사를 해도 잘 나타나지 않고, 치료를 해도 잘 낫지 않는다. 그러나 환자들의 이야기를 가만히 들어주기만 해도 자기 마음을 잘 알아준다고 하며 고마워하고 많이 나아졌다고 말하는 경우도 있다.

"즐거워하는 자들과 함께 즐거워하고 우는 자들과 함께 울라"

로마서 12 : 15

만약 우리가 울 곳도 없고, 함께 즐거워 할 사람도 없다면 우리는 스트레스를 안으로 안으로 삭힐 수밖에 없을 것이다. 그러다가 우리의 마음이 도저히 조절할 수 없는 스트레스를 오랫동안 겪으면 결국 우리의 육신에 이상이 생길 수밖에 없다.

해방자 예수 그리스도

"진리를 알지니 진리가 너희를 자유롭게 하리라" 요한복음 8 : 32

액자에 많이 걸려 있는 성경 구절이며, 학교의 교훈으로도 많이 인용되는 구절이다. 예수님을 믿지 않는 사람들은 이사를 가면서도 점치는 사람에게 가서 날짜를 받아가므로 날짜의 제약을 받는다. 이사를 가서도 귀신이 못 들어오게 온 집안 구석구석에 부적을 붙여놓고도 마음을 놓지 못한다. 그러나 예수님을 믿으면 쉽다. 기도하고 성령님의 지시대로 하면 된다. 우리를 자유롭게 하시는 예수님이 우리를 죄에서 해방시키신 분이기 때문이다. 예수님을 믿는다고 문제를 만나지 않는다는 뜻이 아니라 문제를 만나도 진정한 해방자의 지시에 순종하면 된다는 뜻이다.

"예수께서 대답하시되 진실로 진실로 너희에게 이르노니 죄를 범하는 자마다 죄의 종이라" 요한복음 8 : 34

이 때 죄의 종이라는 것은 '마귀의 종' 이라고 해석할 수 있다. 하나님의 종이 되면 우리의 영은 완전히 건강하다. 죄의 종이기 때문에 항상 마음이 편치 못하고 안절부절한 dis-ease의 상태가 된 것이다. 이런 상태를 예수님이 오셔서 해결해 주셨다.

05 스트레스 시 나타나는 전반적인 현상

잠언 14장 30절

평온한 마음은 육신의 생명이나 시기는 뼈를 썩게 하느니라

잠언 14장 30절에서 '마음의 화평은 육신의 생명이나, 시기는 뼈의 썩음이니라' 고 했다. 스트레스는 피를 말리는 것이다. 그리고 피가 마르게 되면, 피는 사람을 만드는 재료인 생명이기 때문에 결국 죽음으로 몰릴 것이다.

비상시 동물들의 반응

비상시 스트레스 상황에서 동물들의 반응은 도망가든지, 싸우

든지 하며, 스트레스를 받았을 때 나오는 호르몬을 에피네프린 epinephrine(일명, 아드레날린)을 "fight-or-flight"(싸우든지 도망가든지) 호르몬hormone이라고 한다. 일반적으로 스트레스를 받으면 아드레날린 호르몬은 증가한다. 이 때에 사랑의 호르몬이라고 불리며 아기가 엄마 품에 안겨 젖을 빨 때 나오는 유즙 호르몬인 옥시토신oxytocin이 분비되면 스트레스를 잘 이겨내고, 마음이 안정된다. 이 사랑의 호르몬인 옥시토신은 여성이 남성보다 많이 분비되므로, 여성은 같은 상황에서도 스트레스를 잘 해소시키며 이것이 여성 장수의 요인의 하나라고 한다. 스트레스 지수가 높아지면 남성의 발기력은 저하된다. 반면에 자궁을 수축시키는 '옥시토신' 호르몬의 분비는 남성의 성기가 발기하는데 꼭 필요하다는 사실이 밝혀졌다고 한다. 이처럼, 남편이 바깥에서 받은 스트레스를 푸는 데는 아내의 사랑이 꼭 필요하다. 또한 아내의 입장에서도 남편을 하늘같이 모시는 것이 결국 자신을 위해서도 가장 현명한 선택이다. 성性은 정년停年이 없다. 가장 여성적인 아내가 가장 남성적인 남편을 만든다고 생각한다.

"다투는 여인과 함께 큰 집에서 사는 것보다 움막에서 혼자 사는 것이 나으니라" 잠언 25 : 24

"마른 떡 한 조각만 있고도 화목하는 것이 제육이 집에 가득하고도

다투는 것보다 나으니라" 잠언 17:1

영육간에 건강하고 부지런하며 하나님을 경외하는 현숙한 여인과 함께 사는 그 가정은 스트레스를 잘 관리하며 영육 간에 건강한 가족들이 될 것이다.

스트레스를 받을 때 인체의 변화

스트레스를 받으면 인체는 자기 방어를 위하여 '비상경계태세'에 돌입하여 이용 가능한 모든 에너지 자원을 총동원한다. 동공이 확대되고, 심장과 폐의 기능이 강화된다. 소화 기능은 저하되어 더 많은 에너지가 근육에 공급되도록 하며, '비상지휘부' 격인 뇌는 기억력과 사고력을 최대한도로 끌어올리며 통증에도 둔감해지므로, 어느 정도의 스트레스는 작업 능률을 높이는데 도움이 된다. 그래서 작업반장이 없이 일하는 공장보다 사랑의 격려와 약간의 스트레스를 주는 작업반장 아래에서 일의 능률이 더 오를 수 있다.

스트레스를 받으면 인체는 스트레스로부터 방어하기 위해 우리의 뇌는 시상하부에 작용하여 교감신경과 뇌하수체 전엽을 자극하며, 뇌하수체 전엽에서 ACTHAdreno Cortico Tropic Hormone(부신피질 자극호르몬)를 분비한다.

ACTH의 분비가 과잉되면 부신피질을 자극하여 하이드로코르티손hydrocortisone을 분비시키며, 일부는 부신수질에 작용하여 카테콜아민catecholamine을 분비한다. 부신피질 자극으로 나온 코티졸은 간에서 포도당을 생성시켜 혈액에 보내고, 말초에는 보내지 않으므로 손발은 차며, 비상시 에너지 공급으로 무의식적인 강한 힘이 나와 혈관을 수축하여 혈압을 올려 온 몸에 혈액공급이 골고루 가지 못하게 된다. 그 결과 혈압이 상승하고, 근육이 수축하며, 혈당량이 증가하고, 소화기능이 느려지고, 심장박동이 빨라지고, 혈액의 응고가 용이해지는 등 이루 말할 수 없는 나쁜 상태로 인체는 치닫게 된다. 즉, 평온하던 인체에 평형상태balance가 깨어지기 시작하며, 피가 탁해지거나 혈액순환이 늦어지는 등 결국 혈액의 문제까지 일으킨다.

"육체의 생명은 피에 있음이라 내가 이 피를 너희에게 주어 제단에 뿌려 너희의 생명을 위하여 속죄하게 하였나니 생명이 피에 있으므로 피가 죄를 속하느니라" 레위기 17 : 11

육체의 생명은 피에 있다. 건강진단을 할 때 혈액검사를 해서 상당히 많은 질환을 예측할 수 있다. 우리가 무서워하는 암에 좋다는 많은 민간약은 피를 맑게 하는 작용을 가진 것이 많다. 피는 생명이다. 생명을 만들기 위해 피가 필요하다. 임신하면 여자의 생리가 중지되고 아기를 낳으면 우리 할머니들이 "핏덩이가 나왔다"고 말씀하셨다. 따라서 임신 중에는 특히 스트레스를 받지 않는 것이 좋다.

생화학적 검사치도 정상을 벗어난다

스트레스를 받은 동물을 화학적 검사를 해보면, LDHlactate dehydrogenase, ALPalkaline phosphatase, Cholesterol 등의 생화학적 지표들이 상승하고 스트레스를 가한 쥐의 비장 무게는 감소한다는 보고가 있다. 부신 중 아스코르빈산 함량이 현저하게 감소하고, 부신이 현저히 비대해지는 현상도 확인할 수 있는데, 이러한 변화는 결국 면역기능과 저항력의 저하로 이어진다. 또한 통풍의 지표가 되는 요산uric acid치가 올라가고, 혈청 크레아티닌serum creatinine치도 올라가므로 신장 기능에 장해가 일어나는 것을 유추할 수 있다. 또 스트레스를 받으면, 혈청 전해질, 혈청 삼투압, 동맥혈 가스분압, 공복 시 혈당에 변화가 오며 원상태로 되는 데도 시간이 걸린다.

스트레스로 오는 전반적인 신체 변화 현상들

스트레스를 받으면 우선 놀라고 가슴이 답답하며 두근거리고, 불안하고 초조하며, 우울해진다. 또 두통이 오고 기억력이 감퇴되어 금새 잊어버리는 등 여러 가지 부정적인 현상이 온 몸에 걸쳐 일어난다. 조절할 수 있는 스트레스는 풍랑으로 인해 배가 잘 나아갈 수 있듯이 목적하는 바를 향해 더 잘 나아갈 수 있는 것이다. 그러나 부정적인 과도한 스트레스는 한방에서도 기氣, 혈血, 담痰 등이 막힌다고 한다.

1 _ 정신적인 증상

낯빛이 변하고 놀람

분노하면 안색이 변한다. 스트레스의 상황을 만나면 얼굴빛부터 바뀐다. 가인은 하나님께서 자신의 제물을 열납하지 않은 일에 분노하여 안색이 변했고, 결국 쌓인 분노로 인해 아우 아벨을 살인하기에까지 이른다(창세기 4 : 5-8). 벨사살 왕이 예루살렘전에서 가져온 금, 은 기명으로 술을 마시고, 우상인 금, 은, 동, 철, 목, 석으로 만든 신들을 찬양할 때, 사람의 손가락이 나타나서 왕궁 촛대 맞은편 분벽에 글자를 썼다. 벨사살 왕은 그 광경을 목격하고는 낯빛이 변하고 생각이 번민했으며, 그에 귀인들도 다 놀랐다.

"그러므로 벨사살 왕이 크게 번민하여 그의 얼굴빛이 변하였고 귀족들도 다 놀라니라" 다니엘 5 : 9

그리스도인은 어떤 상황이 오더라도 표정관리를 잘 할 수 있는 마음의 깨끗함이 필요하다. 피부는 몸과 마음의 거울이며, 특히 얼굴은 가장 쉽게 대할 수 있는 피부이다. 깨끗하고 좋은 피가 잘 순환되면 피부색깔도 좋다. 특히 대장이 건강하면 피부가 좋다. 벨사살 왕과는 달리 다니엘은 자신의 스트레스를 잘 관리한 사람이었다고 생각한다. 다니엘은 벨사살 왕이 번민하여 낯빛이 변한 것과는 달리 번민 가운데 변한 낯빛을 예수님을 바라보며 마음에 감출 수 있는 여유를 가졌다.

"그 말이 이에 그친지라 나 다니엘은 중심에 번민하였으며 내 얼굴빛이 변하였으나 내가 이일을 마음에 간직하였느니라" 다니엘 7 : 28

인중人中 이물감

갑작스런 스트레스로 인해 오는 현상으로 병원에 가도 목에 아무 이상이 없는데 뭔가 끼어있어 침을 뱉을 수도 없고, 삼킬 수도 없다고 호소하는 분들을 자주 보게 된다. 이럴 때는 기도가 효험이 있는데, '도고'(祈禱)보다는 자신이 스스로하는 새벽, 철야, 합심, 금식, 산, 골방, 통성기도 등이 좋을 것이다.

두렵고 답답함

한 번은 태어난 지 3개월 된 아기가 집 밖에만 나가면 울지 않는데 집에만 들어오면 자지러질 듯이 울어 엄마, 외할머니, 이모, 세 명의 여자가 번갈아가면서 아기를 팔에서 흔들며 키운다고 아기를 데리고 왔다. 얼마나 울었는지 아기의 얼굴은 빨갛게 열꽃이 피었고 머리카락도 탈모가 일어났다. 말을 못하니 알 수는 없지만 좁은 자궁이란 공간에서 이 넓은 세상으로 出世(출세)를 했는데 우는 것을 보면 아기 나름대로 큰 스트레스를 받았나보다. 먼저 아기가 있는 공간을 시원하게 해주고 가능하다면 조금 넓은 공간을 마련해 주는 것도 좋다. 그 아이는 공기를 환기시켜 주면서 애쓴 결과 한 달 후부터 잠도 잘 자고 머리카락도 쥐어뜯지 않게 되었다고 한다.

사람이 사는 공간은 너무 좁아도 문제가 있지만 너무 넓어도 좋은 것은 아니다. 사람에게는 일정한 공간이 필요하다. 너무 좁은 공간에 있으면 답답하다. 그러나 어른의 경우는 좀 다르다. 아무리 독방 감옥에 갇혀있다고 해도 우주의 주인이신 하나님과 함께 하면 그 곳은 좁은 곳이 아니다(고린도후서 4 : 7).

암이라든지 무서운 병이 걸려 사형선고를 받은 사람들 중에는 왜 하필이면 그 병이 자신에게 일어났는지 원망한다고 한다. 그리고는 원망의 시기를 지나면 죽음에 대한 불안과 공포로 절망에 빠진다고 한다. 그러나 내가 아는 어느 권사님과 장로님은 인간의 두려움 가운데 가장 무서운 죽음을 앞에 두고 초조하기만 한 남은 생을 아름답게 마무리하고 하나님 만날 시간을 기대하는 사람처럼 생을 아름답게 마감하고 저 세상으로 옮겨가는 분처럼 가셨다. 가끔 천국을 생각하면 내가 아는 분들 중에 그 두 분은 분명히 만날 것 같다.

사기꾼 야곱은 스트레스로 인한 답답한 상황에서도 재산을 생각한다.

> "야곱이 심히 두렵고 답답하여 자기와 함께한 동행자와 양과 소와 낙타를 두 떼로 나누고" 창세기 32 : 7

여기서 '답답하여'를 영어성경에서는 distressed 로 번역한다. 즉, 'di-'는 전치사(pref. 2중이란 뜻의 접두어)이다. 이 부분을 나는 'di-stressed' 즉, 이중으로 스트레스를 받았을 때의 느낌을 답답하다고 표현하는 것이라고 생각한다. 지금 이 상황은 야곱이 형 에서에게 팥죽 한 그릇으로 사기를 쳐서 장자권을 산 후, 무서워서 형을 피해 외삼촌 라반의 집으로 도망가 결혼해서 자녀를 낳고, 20년간 처가살이를 하면서 눈코 뜰 새 없이 노력해서 재산을 모아서 마침내 고향 땅으로 되돌아가는 장면이다. 막상 에서가 있는 곳으로 돌아가려니 불안하여 세일 땅 에돔 들에 있는 형 에서에게 사자를 앞서 보내어 동태를 살펴본다. 형 에서가 400인을 거느리고 야곱을 만나러 온다고 하니, 야곱은 심히 두렵고 답답하여 이중의 스트레스를 받았다고 표현되어 있다. 이 상황에서 야곱은 인간적인 꾀를 내어 재산을 양편으로 나누어 재산을 반이라도 지키려고 작전을 세운다. 그래도 안심이 안 되니까 결국 꾀많은 야곱이 선택한 방법은 바로 기도이다. 우리는 심히 두렵고 답답할 때 아브라함의 하나님, 이삭의 하나님, 야곱의 하나님께 솔직히 부르짖고 하나님의 긍휼을 기도해야 한다. 이것이 두렵고 답답할 때의 완전한 해결법이다. 왜냐하면 하나님은 그런 야곱의 모습을 알면서도, 아버지의 유산을 기대하지 않고 열심히 일한 야곱에게 복주시고 그의 아들 열두 명으로 이스라엘 열두 지파를 만드신, 과거를 묻지 않으시는 자비로운 하나님이시기 때문이다.

기氣가 막혀 식음食飮을 전폐한다

사람이 너무 말도 안 되는 스트레스를 받으면 기가 막힌다는 말밖에 안 나온다. 사람의 몸 안에는 기氣가 있어 혈액을 순환시킨다. 기氣를 영어로는 에너지라고도 표현한다. 기氣가 잘 통해야 건강하다. 이 기氣에 너무 눌리면 사람이 기氣를 펴지 못한다. 너무 스트레스를 받으면 이 기氣가 끊어져 기절氣絕하게 된다. 기氣가 막히면 기氣를 통하게 해 주어야 한다. 반대로 태양인 체질의 아이들은 너무 기를 세워주어도 안 된다. 그야말로 기가 높아져 기고 만장하게 되면 다른 사람이 안중眼中에도 없게 된다. 인간이 인간의 기운인 인기에 중독되면 그 인기가 떨어졌을 때 더욱 허무해지고 더 큰 스트레스를 견디지 못해 종종 자살하는 사람도 생기는 것이다.

기氣가 막혔을 때는 빨리 풀어주어야 한다. 하물며 몸의 기운이 막힌 것이 아니라 영적으로 기가 막힐 때는 더욱 심각하다. 정상적인 그리스도인이라면 육체적인 막힘 보다 영적인 막힘에 더욱 심각한 고민을 해야 하는 것이다.

아론의 16대손이며 모세의 율법에 능한 서기관인 에스라는 이스라엘의 백성과 제사장과 레위 사람들이 방백과 두목들이 으뜸이 되어 이방 족속과 서로 섞여 가증한 일을 행하는 것을 보고 속옷과 겉옷을 찢고 머리털과 수염을 뜯으며 기가 막혀 앉아 있다.

"내가 이 일을 듣고 속옷과 겉옷을 찢고 머리털과 수염을 뜯으며 기가 막혀 앉으니" 에스라 9 : 3

이때 에스라는 사로잡혔던 자의 죄를 근심하여 밥도 안 먹고 물도 안 먹는다. 정말 기가 막히면 음식이 목으로 넘어가는 것이 중단된다. 내가 꼭 합격할 것이라고 생각했는데 중학교 입시에서 떨어지자 어머니께서 사흘 동안 물도 마시지 않으시고 곡기를 끊으신 것처럼 말이다.

"이에 에스라가 하나님의 성전 앞에서 일어나 엘리아십의 아들 여호하난의 방으로 들어가니라 그가 들어가서 사로잡혔던 자의 죄를 근심하여 음식도 먹지 아니하며 물도 마시지 아니하더니" 에스라 10 : 6

에스라처럼 영적으로 예민해지기를 기도한다. 에스라는 스가랴의 제언을 받아들여 율법대로 행하므로 이스라엘을 회복시킨다. 스트레스로 기가 막히면 우리의 왕인 하나님을 찾는 것이 해결점인 것이다.

넓적다리 마디가 녹는 듯하고 크게 소리지른다

두렵고 떨리며 간담이 녹는 스트레스를 받으면 넓적다리 마디가 녹는 듯하고 무릎이 와들와들 떨리는 것을 실제로 경험한다. 성경의 사건 가운데도 벨사살 왕이 이와 같은 경험을 한다.

벨사살 왕이 귀인 1천명을 위해 큰 잔치를 배설하고, 그 부친 느부갓네살이 예루살렘 전에서 취하여 온 금, 은 등 성스러운 물건에 술을 마시고 금, 은, 동, 철, 목, 석으로 만든 우상을 찬양할 때, 왕국 촛대 맞은 편 분벽에 사람의 손가락이 나타나서 글을 쓰는 것을 보자, 왕이 즐기던 얼굴빛이 변하고 그 생각이 번민煩悶하여 넓적다리 마디가 녹는 듯하고 그 무릎이 서로 부딪히며, 왕이 크게 소리지른다. 이 증상은 사람이 너무 놀랐을 때 나타나는 스트레스 현상이라고 볼 수 있다.

"이에 왕의 즐기던 얼굴빛이 변하고 그 생각이 번민하여 넓적다리 마디가 녹는 듯하고 그 무릎이 서로 부딪힌지라 왕이 크게 소리질러 술객과 갈대아 술사와 점쟁이를 불러오게 하고 바벨론의 지혜자들에게 말하되 누구를 막론하고 이 글자를 읽고 그 해석을 내게 보이면 자주색 옷을 입히고 금사슬로 그 목에 걸어 주리니 그를 나라의 셋째 통치자로 삼으리라 하니라" 다니엘 5 : 6-7

종교중독religious addiction에 빠진다

약물 중독처럼 요즈음 이단의 종교 중독에 빠져 가출하는 청소년으로 인해 속이 시커멓게 타들어가는 부모의 이야기를 종종 듣는다. 알코올 중독자처럼 어떤 이야기도 듣지 않으려고 하고 자기가 빠진 종교에만 집착하려고 한다. 종교 중독은 하나님과의 온전한 관계로 빨리 해결해야 한다. 올바른 성경공부를 시켜야할 교회의 책임이 날로 무거워져 가는 현실이다.

인스턴트 음식을 오래 먹다가 여문 음식을 먹으면 체한다. 모세처럼 80년을 고통과 번민 가운데서 훈련을 받아야 이스라엘의 구원자가 될 수 있듯이, 우리의 젊은이들이 좀 더 하나님 신앙에서 번민하며 진리 앞에 고민하고 애통하는 시간들을 거친다면 이상한 종교에 중독되지 않을 것이다.

"그가 아들이시면서도 받으신 고난으로 순종함을 배워서 온전하게

되셨은즉 자기에게 순종하는 모든 자에게 영원한 구원의 근원이 되시고" 히브리서 5 : 8-9

답답하여 견딜 수 없다

뼈 속의 골수는 피를 만드는 공장이다. 하나하나의 세포는 매우 정교한 시스템으로 만들어져 있으며, 각각의 수명이 있어 매일 2 퍼센트가 죽고 새로운 세포로 교체되고 있다. 즉, 세포내에서도 장례식과 탄생이 일어나고 있다. 우리가 골수에 사무치는 답답함이 있을 때 꺼내어 주실 분은 예수님 그분이시다.

"내가 다시는 여호와를 선포하지 아니하며 그의 이름으로 말하지 아니하리라 하면 나의 중심이 불붙는 것 같아서 골수에 사무치니 답답하여 견딜 수 없나이다" 예레미야 20 : 9

우리의 골수에 사무치는 하소연을 들으시고 예수님은 밖에서 문을 두드리시며 우리가 마음 문을 열고 주님께 안기기를 기다리시는 것이다.

"우리가 이 보배를 질그릇에 가졌으니 이는 심히 큰 능력은 하나님께 있고 우리에게 있지 아니함을 알게 하려 함이라 우리가 사방으로 우겨쌈을 당하여도 싸이지 아니하며 답답한 일을 당하여도 낙심하지

아니하며" 고린도후서 4 : 7-8

두렵고 답답한 상황이 오래 지속되면 골수를 녹여서 면역력이 저하될 것이다. 질그릇같이 연약한 우리는 보배이신 예수 그리스도를 가졌기에 아무리 답답한 일을 당해도 영광의 하나님을 바라보며 낙심치 않는 삶을 살 수 있도록 우리 예수님은 지금도 우리를 위해 중보하고 계심을 알고 힘을 내자.

이를 갈다

스데반이 유대인들을 향해 성령을 모독하는 자들, 의인(=예수 그리스도)을 배반하고 죽인 자들, 율법을 지키지 않는 자들이라고 청중들의 죄를 정확히 지적하자 유대인들은 분노하고 거의 이성을 잃게 되어 이를 갈았다고 되어 있다. 우리는 분노가 치밀 때 그 일만 생각하면 이가 갈린다고 표현한다.

"그들이 이 말을 듣고 마음에 찔려 그를 향하여 이를 갈거늘"

사도행전 7 : 54

살인을 한다

이를 갈 정도로 분노가 심해지면 분노를 일으킨 원인이 심한 스트레스가 되어 절제가 되지 않는다. 이 때는 살기를 느끼게도 된다. 스데반도 청중들로부터 살기를 느끼면서 죽음이 오는 것을 느끼고, 마지막 긴 한 편의 설교를 하고 순교를 당한다. 화난 청중들의 스트레스와는 극히 대조적으로 스데반은 평온하게 저 세상의 찬란한 모습을 볼 수 있었다. 그래서 그는 예수님께서 십자가에서 돌아가시기 전 마지막 하신 기도의 내용처럼 자신을 죽이려고 하는 원수들을 위해 기도할 수 있었다. 분노로 인한 스트레스의 해결은 하나님의 사랑으로만 가능함을 알게 해주는 장면이다.

"무릎을 꿇고 크게 불러 이르되 주여 이 죄를 그들에게 돌리지 마옵소서 이 말을 하고 자니라" 사도행전 7 : 60

스데반처럼 돌에 맞아 죽으면서도 원수를 위해 기도할 줄 아는 순교자적 자세와, 바울처럼 사람 수보다 우상 수가 더 많은 아테네를 보면서 거룩한 분노(사도행전 17 : 16)를 느낄 줄 아는 자세를 가지고 살아야 참살이well-being 신앙인이라고 할 수 있을 것이다.

2 _ 감염성 질환

스트레스는 면역세포를 약화시킨다. 스트레스를 받으면 면역체계의 핵심인 T 임파구가 성숙 · 분화되는 '흉선' 이란 조직을 위축시키고, 세로토닌, 아세틸콜린 등 뇌 내 신경전달물질의 분비에도 영향을 주어, 인체의 면역력이 떨어져 세균이나 바이러스, 박테리아 등 각종 병원체에 쉽게 감염된다. 특히 스트레스를 심하게 받으면 하룻밤 새에도 피부에 트러블이 생길 수 있다. 외계의 자극으로부터 체내를 보호하는 피부는 표면으로부터 표피, 진피, 피하조직으로 되어있고, 그 외 피지선, 한선, 털, 손톱 등의 피부 부속기로 되어 있다. 진짜 피부라고 하여 진피라고 부르며, 표피의 팽팽히 당기는 힘과 탄력은 진피에서 생긴다. 나이가 들면 피부는 얇아져서 주름이 생기고, 피부의 진피 중에 많은 면역세포인 마크로파지의 세균 제거 능력이 약화되어 방어력이 약해져 감염성 질환이 나타나기도 한다. 예를 들면 당뇨병의 유전적인 소인을 가진 사람들 중에서 스트레스를 받으면 당뇨병에 걸릴 확률도 높지만 그로인해 피부 감염 확률도 높아진다. 또한 스트레스는 내장에까지 영향을 미쳐 내장에 지방이 끼어 삶의 질을 떨어뜨리고 수명을 단축시킬 수도 있다.

3 _ 순환기 질환

목이 부러져 죽는다.

스트레스는 심혈관질환의 위험을 증가시키는 것으로 알려져 있다. 특히 단기간의 과도한 스트레스는 카테콜라민 분비를 촉진시키고, 부정맥의 위험이 높아지고, 돌연사의 원인이 되기도 한다.

반면에 만성적인 스트레스는 비만증과 고지혈증을 유발하며 관상 동맥에 치명적인 상해를 입히며, 스트레스로 오는 가장 값비싼 대가인 고혈압, 동맥경화, 뇌졸중, 심근경색도 생긴다.

비만에 관해서는 성경에 관련된 많은 말씀이 있지만 비만의 합병증에 대해 이렇게 나와 있다.

> "하나님의 궤를 말할 때에 엘리가 자기 의자에서 뒤로 넘어져 문 곁에서 목이 부러져 죽었으니 나이가 많고 비대한 까닭이라 그가 이스라엘의 사사가 된 지 사십년 이었더라" 사무엘상 4 : 18

실로의 대제사장이며 사사로서 40년 동안 이스라엘을 다스렸던 엘리는 이스라엘의 마지막 사사인 사무엘을 훈련시켰던 스승이지만, 정작 자신의 아들인 홉니와 비느하스의 교육에는 실패했다. 영적으로 무감각했던 엘리의 아들들은 여호와를 알지 아니하는 불량자로 여호와의 제사를 멸시하여 제삿날 날고기를 먹었으며, 아비의 말을 듣지 않고 회막문 수종드는 여인과 동침했다. 이쯤되면 당대의 유명한 제사장이 자식 때문에 얼마나 스트레스를 받았는 지 짐작할 수 있다. 결국 엘리 가정의 신앙교육의 부재는 가정의 몰락를 가져온다. 엘리의 두 아들은 블레셋과의 전쟁에서 한날에 죽임을 당하고, 엘리는 의자에서 넘어져 목이 부러져 죽고, 그의 둘째 며느리도 이런 소식을 듣고 놀라 해산하다 죽자 그녀의 아들 이가봇만 고아 신세가 된 것이다. 여기서 우리는 영적으로 성경 말씀 가운데서 키우는 것이 매우 중요하다는 것을 알게 된다.

성경에 보면, 엘리가 기도했다는 이야기는 없고, 여호와의 전 문설주 곁 그 의자에 앉았으며(사무엘상 1 : 9), 누웠고(사무엘상 3 : 2), 길 곁 자기 의자에 앉았다가(사무엘상 4 : 13), 블레셋이 이스라엘을 쳐들어올 때 죽었더라(사무엘상 4 : 18)고 되어 있다. 성전에서도 기도하기보다 앉고, 눕고, 길에서도 걸어다니기보다는 의자에 앉아 에너지 소비가 낮은 일만 했으니 당연히 뚱뚱해졌을 것이다. 운동부족은 동맥경화의 원인이 될 수 있다. 또 뚱뚱해지니까 피 속에 기름이 끼어 고지혈증이 왔을 것이고, 스트레스로 혈압은 높았을 것이며, 움직이는 것보다 자리만 보면 앉고 누우려고 했으니 비만이 생겼을 것이다. 모든 생활습관병은 결국 그러한 생활습관들이 모여서 갑자기 불시에 찾아온다. 심장마비를 일으키는 동맥경화는 고지혈증과 고혈압이 가장 큰 원인이라고 한다. 더구나 동맥경화라고 반드시 고혈압이 오지는 않지만, 고혈압에는 동맥경화가 뒤따른다. 우리는 평소 건강진단 결과를 눈여겨보아 총 콜레스테롤, LDL-Cholesterol 및 중성지방의 수치가 높은 편에 속하고, HDL-Cholesterol 수치가 낮은 편에 속한다면 고지혈증의 예방과 치료를 위해 성경에서 식이요법을 찾을 필요가 있다.

혈관은 유연성이 좋아야 된다. 그러나 동맥이 경화되면 혈관벽이 딱딱해져서 탄력을 잃게 되어 피의 순환이 느려지고 혈관에 노폐물이 쌓이는 현상도 늘어난다. 동맥은 한 번 경화되면 완전히 회복되기가 어렵다. 나이 들면 혈관도 자연히 노화된다. 엘리 제사장은 나이도 들었고 비만하고 거기에 스트레스까지 받았으니 당연히 목이 부러져 죽을 가능성이 높다고 할 수 있다.

참고로 하야시 박사의 간단한 고지혈증의 자가 진단를 소개하면, ①왼손을 바로 평형하게 편다 ②오른손으로 손가락과 손바닥 사이를 5초간 강하게 잡는다 ③손가락 부분이 빨갛게 된다 ④오른손을 떼고 5초간 지나도 아직도 손가락의 빨간 부분이 남아 있으면 고지혈증을 의심을 해봐야 한다고 한다. 혈액순환이 잘 되고 혈관이 튼튼하면 원래 상태로 돌아오는 시간이 빠르기 때문이다.

뇌졸중으로 몸이 굳는다

"아침에 나발이 포도주가 깬 후에 그 아내가 그에게 이 일을 말하매 그가 낙담하여 몸이 돌과 같이 되었더니" 사무엘상 25 : 37

나발이 아내의 말을 듣고 스트레스를 받은 것이다. 특히, 술을 많이 마시고 깬 후에는 몸의 컨디션이 매우 좋지 않으며, 이 때 간 떨어지는 말을 듣는 것은 생명을 위협하는 스트레스임을 보여주는 장면이다. '낙담하여 몸이 돌과 같이 되었더니' 의 부분을 영어

성경에서 보면, "He suffered a stroke and was completely paralyzed"(Good News Bible), "his heart died within him so that he became as a stone"(New American Standard Bible)로 되어있다.

미국에서 사망의 원인 중 가장 많은 질환은 심장질환이다. 뇌졸중stroke을 일으키는 데도 여러 가지 원인이 있지만 대부분이 허혈ischemia에서 온다. 부정적이고 심한 스트레스가 오래 되면 뇌에 혈액공급이 부적절해지고 피딱지가 형성되어 피의 흐름을 차단하여 뇌졸중stroke을 일으킨다. 이러한 현상은 나이가 들어갈수록 심해지므로 순환기계통 질환에 주의를 하고, 건강나이를 젊게 하도록 성경적인 식이와 운동을 해야 한다.

"한 열흘 후에 여호와께서 나발을 치시매 그가 죽으니라" 사무엘상 25 : 38

나발의 경우는 큰 스트레스를 받고 열흘 후에 여호와께서 치시매 죽었다. 아무리 스트레스를 심하게 받아도 생명은 여호와께 있는 것이다. 여기서 우리가 생각할 수 있는 것은 갑작스런 큰 병고의 죽음에는 그 전에 심한 스트레스를 받은 적이 있다고 추측할 수 있다. 최악의 경우에는 관상동맥에 경화가 와서 혈관벽이 딱딱해져서 혈관을 막는 심근경색이 올 수 있으므로 더욱 위험하다.

극도의 스트레스로 돌연사突然死가 올 수도 있다

돌연사란 증상이 나타난 후 1시간 이내에 사망하는 예기치 않은 죽음을 의미한다. 심장이나 심장 근육에 혈액을 공급하는 관상동맥의 문제를 안고 있다가 스트레스를 받으면 돌연히 일어난다. 심장 돌연사는 모든 연령층에서 올 수 있으나 40대 남자에게 가장 많고, 남자가 여자보다 2~4배 높으며, 자정에서 오전 3시 사이에 24퍼센트로 가장 많다고 하니 새벽녘에 몸의 컨디션이 좋도록 전날 밤에 최적의 컨디션을 만들어두는 것이 좋겠다.

한때 잘 나가던 코미디언 K씨의 사망은 많은 사람들을 놀라게 했다. 그의 죽음은 남을 웃기는 것보다 내 스스로가 웃는 태도를 가지는 것이 삶의 중요한 행복 비결이라는 생각을 하게 했다. 사실 코미디언이라는 직업도 감정노동자라고 볼 수 있다. 그는 국회의원에 출마했다가 낙마한 후 이혼하였다고 한다. 그러나 그는 재도약하기 위해 체중도 줄이고 "대한민국이 웃을 때까지 웃기겠다"는 슬로건을 내걸고 '웃자 코리아' 프로젝트를 준비했으며, 미국 뉴욕 카네기홀 대극장에서 한국 개그맨으로는 처음으로 성인용 풍자 스탠딩 코미디 '엔돌핀 코드'를 공연할 예정이었다고 한다. 살도 빼고 운동도 열심히 했지만 그가 대한민국 사람을 웃기기 위해 얼마나 많은 스트레스를 받았는지 짐작할 수 있다. 그의 사망 원인은 '심장 돌연사'로 추정된다고 했다. 먹고, 운동하고, 사우나하고, 모든 일이 행복한 가운데서 이루어지면 좋겠다.

● 심장

인체의 오장(간, 심, 비, 폐, 신) 중에서 가장 중요한 것이 생명에 관련된 장기인 심장이며, 한의학에서는 군주의 장기라고 한다. 심장의 순우리말은 염통이다.

"왕의 화살은 날카로워 왕의 원수의 염통을 뚫으니 만민이 왕의 앞에 엎드러지는도다" 시편 45 : 5

성경에서 장기로서 심장을 말할 때는 주로 '염통' 이라고 번역하고, '심장' 이라고 번역했을 때는 양심, 심정, 충심의 뜻을 가지고 있는 경우가 많다. 성경의 심장은 히브리어 원어('레브')에서는 마음이라고 되어 있다고 한다.

"마음('레브')의 즐거움은 양약이라도 심령('루아흐')의 근심은 뼈를 마르게 하느니라" 잠언 17 : 22

거짓말 탐지기는 자율신경 중에서도 교감신경이 흥분될 때의 생리적 현상을 기록한 것이다. 즉, 피의자에게 질문을 할 때 피의자가 그 말이 자기에게 불리하거나 맞으면 스트레스를 받아 심장이 두근거리고 손에 땀이 나는 등의 현상이 나타난다. 또 우리가 놀랄 때 자기도 모르게 심장에 손이 가는 것이다. 미국 친구들은 마음이 따뜻한 좋은 사람을 보고 'heart가 있다' 고 한다. 반대의 사람을 '양심이 없다' 라고 한다. 그래서 세상에서 가장 먼 거리가 머리에서 가슴까지라고 표현하기도 한다. 예수님께서는 "이르되 우리가 너희를 향하여 피리를 불어도 너희가 춤추지 않고 우리가 슬피 울어도 너희가 가슴을 치지 아니하였다 함과 같도다"(마태복음 11 : 17)고 말씀하셨다.

심장은 주먹만 한 크기의 질긴 근육 주머니로 왼쪽가슴에 위치하며, 맹세를 할 때에도 심장에 손을 얹고 한다. 심장의 작용은 단순하여 혈액을 펌프하는 역할을 한다. 심장은 하루에 약 10만회(72회×60분×24시간=103680회)가량을 단 1초도 쉬지 않고 수축과 확장을 반복한다. 심장은 2개의 방과 2개의 실로 나누어져 있는데 우리가 방실방실 웃으면 심장도 방실방실 웃으면서, 주기적인 박동에 의하여 혈관의 총길이 9만 킬로미터를 돌며 온 몸에 순환시켜 우리 세포의 60조에 영양을 공급한다. 이러한 심장도 노화하면 심장근육의 섬유화가 진행돼 탄력이 줄어든다. 이렇게 열심히 일하는 심장은 말이 없다. 80년을 산다고 볼 때 30억 번을 뛰지만, 그것이 뛰는지 안 뛰는지 조차 모를 정도로 조용하다. 의사는 청진기로 심장의 소리를 듣고 진찰을 한다. 그런데, 심장의 쿵쿵 뛰는 소리가 청진기 없이도 들린다면 문제가 있는 것이다.

또한 심장은 혀를 주관한다. 그래서 혀를 보고 심장의 상태를 일부는 짐작할 수도 있다. 운동은 심장을 튼튼하게 만들어 혈액순환을 잘 도와주어 기억력 향상에 도움을 준다. 사람은 가능한 죽을 때 처참하게 죽지 않기를 바란다. 십자가에 죽으면 피가 심장에 고여 있다고 한다. 이 때 옆구리를 통해 심장을 찌르면 고여 있던 피가 나오게 된다고 한다.

"그 중 한 군병이 창으로 예수님의 옆구리를 찌르니 곧 피와 물이 나오더라" 요한복음 19 : 34

하버드 대학교의 건강보고서에 따르면 1964년부터 27년간 730명을 대상으로 장기 연구한 결과에 따르면 절망감, 자신감 상실, 집중력 상실 등으로 고통받고 있는 사람은 건강한 사람보다 심장마비에 걸릴 확률이 70퍼센트 더 높았고, 사망 위험도 60퍼센트 더 높았다고 한다. 분노를 가슴에 차곡차곡 쌓아두는 것이 그 분노가 폭발하는 것보다 심혈관질환을 더 많이 유발한다고 한다. 심장질환의 예방과 치료의 최선책은 '우리 모두 한을 품지말라'는 것이다. 하버드 의대의 27년간 연구결과 역시 [마음의 즐거움은 양약]이라는 잠언 17 : 22의 말씀을 증거하고 있다.

4 _ 소화기 질환

만성적인 스트레스는 위장관의 운동에 이상을 일으키고, 각종 소화기질환을 일으킨다. 스트레스로 인해 생기는 소화기질환으로는 위염, 위·십이지장궤양, 역류성 식도염, 과민성 대장증후군, 기능성 소화불량, 배변장애 등이 있다. 어떤 남성은 8년간 아내의 질건조증으로 부부생활이 순조롭지 못하자 친구의 권유로 참여한 묻지마 관광에서 만난 여성과 외도를 하게 되고 그 사실을 아내가 알게 되자 두 여성 사이에서 심한 스트레스를 받은 그는 역류성 식도염으로 오랫동안 병원치료를 받고도 재발되어 고생했었다. 그 사람을 보면서, 마음의 즐거움이 양약이며 성경의 일부일처제도 부부건강을 위해 만드신 하나님의 은혜로운 제도임을 다시 생각하게 되었다.

우리가 믿음의 조상이라고 닮고 싶어하는 아브라함도 당시 고대 근동 풍습을 따라 한 여성 외의 다른 여성을 아내로 맞았다가 마음고생이 얼마나 심했으면(창세기 15 : 3-5의 하갈; 비교 창세기 25 : 1의 그두라) 그는 아들 이삭의 아내를 택할 때 자기의 노종에게 가나안 딸 중에서 택하지 말라고 신신당부를 했을까 생각해본다.

> "내 고향 내 족속에게로 가서 내 아들 이삭을 위하여 아내를 택하라"
>
> 창세기 24 : 4

우리가 먹는 음식은 입이라는 구멍으로 들어가 항문이라는 구멍으로 나온다. 이 과정에서 모든 일이 순조로워야 한다. 입으로 들어간 음식물은 위에서 3~4시간 머물며 위액과 혼합하여 영양소는 소장에서 흡수되고, 에너지를 만들며, 수분은 대장에서 흡수되고, 대소변으로 체외 배설되기까지 건강인은 약 18시간 걸린다. 입으로 들어간 음식물을 항문으로 내려 보내고 비우는 작용이 잘 되어야 건강하며 피로하지 않다. 스트레스가 모든 생체의 생화학적 대사 과정에 피로를 가져 온다. 소화관의 기능이 좋아야 피로하지 않고, 아이들은 집중력도 생기고, 피부도 좋아진다. 미국의 캐논W. B. Cannon은 고양이를 이용하여 위의 연동운동을 연구하였다. 고양이가 화가 나면 위의 연동운동이 정지되고 화가 그치면 연동운동이 다시 일어나는 것을 보았다고 한다. 사람에게서도 이와 같은 현상이 일어남을 추측할 수가 있다.

5 개월 된 여자아이가 변이 녹색이었다가 밤색이 되고, 침을 많이 흘려 뺨이 빨갛고 변을 제대로 못 누고 냄새가 지독하였으며 우유도 잘 먹지 않고, 잠을 잘 때 온 방을 헤매는 증상이 나타나 소아과에 다녔다고 한다. 그러다 두 달 전, 3개월 된 이 아이를 데리고 장거리 여행을 했으며 그때 아기가 매우 고생을 한 적이 있었고 그 후 이와 같은 현상이 온 것을 알게 되었다. 아기의 식이생활과 환경, 스트레스로 온 장의 불편을 해소해 줌으로 아이의 증상은 호전될 수 있었다.

5 _ 소화기 질환

내분비계Endocrine system는 호르몬을 분비하는 내분비선Endocrine Glands으로 구성되며, 특히 췌장은 소화액을 분비하는 매우 중요한 장기다. 아무리 산해진미를 먹어도 췌장이 없으면 소용이 없다. 췌장을 우리말로는 이자라고 한다.

스트레스를 받으면 글루카곤, 부신수질호르몬 등이 다량 분비되어 췌장 기능을 약화시키고, 따라서 혈당이 올라간다. 췌장 없이는 음식물이 우리 몸에서 이용도 안 되며, 이자 기능이 저하하면 몸 전체에 염증반응을 일으킨다. 이런 중요한 이자는 다양한 스트레스에 첫 번째 영향을 받는 장기이다. 어떤 지독한 병도 평소의 상식적인 건강관리가 가장 좋은 예방법이다. 이 상식적인 건강관리법은 성경에서 찾을 수 있는 우리 예수님의 생활양식이었음을 알 수 있다.

6 _ 피부 질환

미美의 척도이자 건강의 척도인 피부도 스트레스와 심각한 관계에 있다. 피부과 환자의 75퍼센트 정도가 치료과정 중 정신적 요인의 영향을 받는 것으로 알려져 있다. 스트레스로 여드름, 아토피성 피부염, 건선, 손 발바닥의 수포성 습진, 가려움증, 만성

두드러기, 기미 등의 피부질환이 올 수 있다.

속상한 일로 잠도 제대로 못자고 밤새 울고 일어나면 눈이 퉁퉁 붓고, 월경을 전후해서 스트레스를 많이 받고 나면 눈 주위 혈액 순환이 잘 되지 않아 눈 주위로 다크 서클이 생겨 피곤하고 지친 것 같으며 나이도 들어 보인다. 물론 다크서클dark circle은 스트레스 뿐 아니라 눈 주위 피부가 탄력이 저하되었거나, 눈 아래에 멜라닌 색소가 과다하게 침착되어 생기기도 하고, 철분이 부족해서 생길 수도 있으며, 햇빛에 유난히 많이 노출되는 경우에도 생긴다. 이때는 무엇보다 스트레스를 잘 관리하고 미백효과가 있는 비타민C, 알부틴 등이 든 팩을 하는 것도 좋으며, 은행잎 제제, 스쿠알렌, 비타민E 등으로 혈액 순환을 돕고 피부를 맑게 하는 것이 필요하다.

피부의 표피는 피부의 표면으로부터 각(질)층, 투명층, 과립층, 유극층, 기저(세포)층의 5층으로 구성되어 있다. 피부 표피의 맨 아래의 기저(세포)층에서 만들어진 각화세포는 다음에 만들어지는 새로운 세포에 의해 위쪽으로 상승하면서 기저층→유극층→과립층(→투명층)→각(질)층에 이르러 각편角片으로써 떨어져나가는 각화현상이 일어난다. 이런 피부의 턴오버turnover 시간은 피부의 상태, 연령, 신체의 부위에 따라 변한다. 이 턴오버turnover가 활발한 시간은 밤 10시~새벽 2시까지이다. 그런데 만약 분을 품어 밤에도 풀지 못하면 피부는 푸석거리고 망가진다.

"마음의 즐거움은 얼굴을 빛나게 하여도 마음의 근심은 심령을 상하게 하느니라" 잠언 15 : 13

신앙이 매우 좋은 어느 집사님의 남편이 아침에 출근만 하려면 머리에서 발바닥까지 온 몸에 두드러기가 나서 10년 이상 엄청난 고생을 하셨다고 한다. 거기다 담배를 오랫동안 피워오고 계셨는데 도저히 끊을 수가 없어 고생을 하고 있었다. 여집사님의 작정기도가 있은 후 부활절에 하나님께서 고쳐주셔서 담배는 입에도 댈 수 없는 몸이 되고 두드러기는 스트레스 지수를 낮추는데 집중을 한 결과 1년 후 완전히 나았다고 좋아하셨던 기억이 난다.

여드름을 일으키는 원인 중의 하나인 '안드로겐androgen' 호르몬은 스트레스 호르몬이라고 부르는 코티솔과 함께 부신피질에서 나온다. 스트레스는 여드름의 원인이 되는 안드로겐 호르몬을 높일 뿐 아니라 이로 인해 여드름의 재발 원인이 된다.

나이가 들면 가정적으로, 사회적으로 활동 범위가 넓어져 스트레스는 질적으로 양적으로 복잡해지고 스트레스 받을 일이 많아진다. 특히 여성은 나이가 들면 나이트 크림에 관심을 가지고, 낮동안의 스트레스와 피부의 이물질, 자외선의 자극으로 지치고 손상된 세포를 밤 동안에 재생시키고 영양을 공급하여 피부의 주름을 완화시키고 피부에 활력을 되찾아 주도록 매일 밤 피부관리를 게을리하지 말아야 한다.

7 _ 비뇨 생식기 질환

스트레스는 남성의 발기를 유발하는 부교감신경을 억제하고, 사정과 관계된 교감신경을 항진시킨다. 이 때문에 지속적인 스트레스는 심인성 발기불능과 조루의 원인이 된다. 또 만성전립선질환, 청소년 몽정, 남성 낭습증 등을 일으킨다. 한편, 여성은 혈액순환 장애로 방광 수축증을 유발하여 빈뇨, 급박뇨 등의 배변장애가 일어날 수 있다.

8 _ 산부인과

무월경증, 월경전증후군, 외음부 가려움증, 자궁출혈, 난산, 만성 골반통 등의 산부인과 질환도 스트레스와 상당히 관계가 있다고 할 수 있다. 특히 갈수록 늘어나는 불임은 더욱 그렇다. 모 대학의 보고에 따르면 불임의 30퍼센트가 스트레스에 의한 것이라고 한다. 임신은 건강해야 된다. 옛날부터 선을 볼 때 신부감이 건강해 아이를 잘 낳을 것인지 점검하려고 집안 어르신들이 양쪽으로 죽 앉아서 보았다. 아이를 잘 낳는 여인을 건강한 여인이라고 했다.

결혼 문제로 스트레스를 받은 라헬은 아들을 낳지 못하자 목숨 걸고 남편 야곱을 들볶았다(창세기 30 : 1). 이는 아기를 달라고 성전에서 눈물을 흘리며 하나님께 매달린 한나의 모습(사무엘상1 : 10) 과는 사뭇 대조적이다. 그러다가 안 되니까 시할머니 사라와 똑같은 전철을 밟아 남편을 골탕먹인다. 당시 본부인이 남편에게서 아들을 낳지 못할 때, 상전의 허락 하에 몸종이 대신 아이를 낳아주던 일은 고대 근동의 일반적인 풍습이었고, 우리나라에서도 내가 어릴 적엔 이런 풍습이 있었다. 어떤 아이들은 본부인인 큰어머니를 친어머니로 알고 자라기도 했다. 그러나 믿음의 조상을 시할아버지로 둔 라헬은 굳이 그렇게 하지 않았어도 하나님께서 자녀를 주셨을 것이다(창세기 30 : 3).

그런 라헬을 야곱은 할아버지 아브라함과 아버지 이삭의 신앙을 이어받아 분명하게 꾸짖는다.

> "야곱이 라헬에게 성을 내어 이르되 그대를 임신하지 못하게 하시는 이는 하나님이시니 내가 하나님을 대신 하겠느냐" 창세기 30 : 2

이렇게 멋진 신앙의 남편도 결국 아내가 죽겠다고 하니 그녀의 여종 빌하에게 들어가 '단과 납달리' 가 태어난다. 그리고 시기와 질투의 스트레스 속에서 남편의 지고至高한 사랑을 받았던 아름다운 여인 라헬은 난산 끝에 야곱의 열두 번째 아들 베냐민을 낳고 죽는다. 스트레스가 죽음을 몰고 온 것이다.

오래 전에 결혼 수년이 지나도 임신이 안 되는 부부가 왔다. 이야기를 들어보니 정상적인 부부생활이 안 되는 상황이었다. 청상과부로 이 아들 하나를 남편 겸 아들 겸 키우다가 며느리를 보았는데 시어머니는 아들을 빼앗겼다고 생각했던 것 같다. 지금은 결혼과 동시에 셋집이라도 따로 살림을 내주는 경우가 대부분이지만, 우리가 결혼할 때만 해도 일정 기간 동안은 시댁에서 그 집의 가풍도 배우고 함께 사는 것이 보편적인 상황이었다. 시어머니는 작은 아파트의 안방을 아들 며느리에게 내주고 자기 방에 자는 것이 갑갑하여 밤이 되면 안방 앞에 머리를 대고 주무신다고 했다. 그러니 신혼 초 한창일 때 소리 없이 성관계를 갖는 것이 쉽지 않았고 부부의 스트레스는 이만저만이 아니었다. 시어머니는 빨리 아기를 낳으라고 온갖 보약을 다 지어다 주신다고 했다. 나는 맞벌이를 하는 두 분이 배란일을 틈타 각자 출장을 핑계로 호텔로 가서 임신을 하기 위한 노력을 해보도록 권했다. 그리고 하나님의 은혜로 임신이 되었다는 소식을 들었다. 우리는 환경을 탓할 수 없는 경우가 대부분이지만 스트레스의 상황을 벗어날 수 있는 아이디어는 낼 수 있다.

남자에게 있어서 심한 스트레스는 정자 수를 감소시키며, 우리의 환경은 날로 불임의 상황으로 치닫을 수밖에 없다. 불임은 환경호르몬의 영향을 받고 태어난 딸들에게는 더욱 심각하다. 무심코 우리가 뿌리는 살충제는 우리 다음 세대에 태어날 딸들에게 심각한 영향을 줄 것이라는 예측은 어렵지 않다. 예를 들어 70세 된 할아버지가 50년 동안 환경호르몬에 노출되어도 정자 수의 감소는 없으나 이 할아버지의 딸의 아들인 외손자는 정자 수가 현저히 감소된다. 이는 우리 몸에 있는 에스트로겐 수용체를 환경호르몬이 먼저 점령함으로써 여성호르몬과 유사한 효과가 나타나 남성의 정자 수를 감소시킨다는 것이다.

또 스트레스를 받으면 시상하부를 자극하여 생식호르몬이 억제되어 불임이 될 수 있다. 동물은 새끼가 잘 자랄 수 없는 환경이 되면 생리기능이 저절로 폐쇄된다고 한다. 한 약리학 발표 자료에 의하면, 정상적인 생쥐mouse는 많은 새끼를 출혈 없이 순산하지만, 스트레스를 받은 생쥐는 난산이 많고, 자궁문이 열려도 잘 나오지 않으며, 낳는 새끼 수도 적었다고 한다.

환경호르몬 문제는 산업적으로 국가에서 신경을 써야겠지만 우리 주부들부터도 부엌에서 나오는 기름덩이나, 화학물질이 들어있는 생활용품을 함부로 하수구에 버리는 것은 다음에 태어날 나의 외손자를 생각하면서 버려야 한다. 특히 그리스도인들은 하나님께서 창세기 1장 28절을 통해 주신 생육하라, 번성하라, 충만하라, 정복하라, 다스리라는 5개의 최초 명령을 생각하면서 작은 일부터 큰일까지 해야 할 것이라고 생각된다. 교회가 할 일이 얼마나 많은지 모른다. 환경문제도 에덴의 동쪽으로 쫓겨난 자들이 다시 에덴으로 돌아가는 것이 실마리다.

"하나님이 그들에게 복을 주시며 하나님이 그들에게 이르시되 생육하고 번성하여 땅에 충만하라, 땅을 정복하라, 바다의 물고기와 하늘의 새와 땅에 움직이는 모든 생물을 다스리라 하시니라" 창세기 1 : 28

환경오염의 위험성을 우리는 신문 등을 통해 날마다 접하고 있다. 유아용 장난감에서 환경호르몬이자 발암 물질인 디에틸헥실프탈레이트 Di 2-ethylhexyl phthalate DEHP(플라스틱 가소제)가 검출되었다고 발표되었고, 유아용 젖병에서 환경호르몬인 비스페놀 A가 다량 검출되었으며, 환경호르몬의 검출이 남성의 생식기능 저하에 영향을 끼친다. 이렇듯 우리는 불안하기 짝이 없는 세상에 살고 있다. 천지를 창조하신 전능하신 하나님은 그분의 정원에 썩지도 않을 쓰레기를 버리고 있는 우리의 모습을 항상 지켜보신다는 것을 알아야 한다.

9 _ 자율신경계 질환

말초신경은 뇌에서 직접 나와 있는 좌우 12쌍의 뇌신경과 척수에서 갈라져 나온 좌우 31쌍의 척수신경으로 되어 있다. 또 말초신경은 그 작용에 따라 체성신경과 자율신경으로 나뉜다.

자율신경은 말 그대로 뇌의 명령을 받지 않고도 '자율적'으로 작용하며, 위험, 공포, 분노 등의 감정을 느끼면 자율신경에 이상을 일으킬 수 있다.

교감신경은 공격적인 자율신경이고 부교감신경은 평화적인 자율신경이라 할 수 있는 상반된 작용을 갖고 있지만 필요에 따라서 서로 보완하는 기능을 갖고 있어 생체 내 감정을 조절 · 유지하고 있다. 인체는 자율신경이 서로 잘 조화를 이루어야 건강하다. 따라서 체질을 나누는 방법 중의 하나로 교감신경 흥분성 체질과 부교감신경 흥분성 체질로 나누기도 한다.

교감신경 흥분성 체질인 사람은 공격적이고 적극적이며 대식가인 경우가 많고 감기에 걸렸다 하면 심하게 앓으며, 혈류의 흐름이 나빠지고, 화농성 염증과 조직파괴가 일어나 암이 걸리기 쉬운 체질이다. 이런 경우는 혈압이 높아지거나 화火가 생기지 않도록 주의하며, 또 심장박동이 빨라지지 않도록 마음을 잘 조절하는 것이 중요하다. 반대로 부교감 흥분성 체질인 사람은 마른 사람이 많고, 감기는 자주 걸리고 알러지에 민감한 경우가 많으므로 환절기에 특히 주의하고, 근채류根菜類를 적극적으로 섭취하여 장이 건강해 지도록 하는 것이 좋다.

여호와께서 진노하시면 우리 인간보다 훨씬 무섭다. 남을 노엽게 해서도 안 되지만 여호와를 노엽게 하면 우리는 죽는다.

"우리가 원수나 되는 것처럼 활을 당기시고, 대적이나 되는 것처럼 오른손을 들고 나서시더니, 보기에 건장한 사람을 다 죽이시고, 도성

시온의 장막에 불같은 노여움을 쏟으셨다" 예레미야애가 2 : 4, 표준새번역

성경에서는 스트레스를 받았을 때 우리의 장기의 상태를 잘 표현하고 있다. 간에 대해서 한번 알아보자. 간은 너무나 성경적인 장기다. 간은 부활의 장기다. 우리 몸에서 가장 큰 장기인 간은 25퍼센트 정도를 잘라내도 머리카락이나 손톱처럼 원래 상태로 돌아온다. 물론 나이가 들면 재생력이 늦고, 간경변에 걸린 간은 절반 정도 절제하고 나면 살 수 없다고 한다. 그래서 그리스신화에서 보면 신의 노여움을 산 벌로 산꼭대기에서 독수리로 하여금 그의 간을 파먹게 하는 영원한 형벌을 받는데 매일 독수리가 와서 간을 파먹어도 새로운 간이 자꾸 생기기 때문이다. 간이 재생능력이 뛰어남을 단적으로 보여주는 것이며 그야말로 죽고 싶어도 죽을 수도 없는 영원한 형벌이다. 그러나 만성적으로 간이 손상되면 손상된 부위는 상처조직으로 남게 되고, 살아 있는 간세포가 점점 줄어들고 간이 굳어지는 간경변이 생길 수 있다(예레미야애가 2 : 11). 영어성경NASB에서 '스트레스를 받아 눈물로 눈이 상하고, 심장이 땅에 떨어지고' 라고 되어 있다. 따라서 간이 철렁한 말을 듣지 않는 것이 좋으며, 간이 콩알만 해지는 일도 당하지 않는 것이 좋다. 간 떨어지는 행위는 남에게 하지 않는 것이 좋다. '이웃을 내 몸과 같이 사랑하라' 는 것은 영적으로도 사랑해야 하고, 육적으로도 이웃의 내장이 상하는 말과 행동을 하지 말아야 하는 것이

라고 생각된다. 간은 경락적으로 고환과 연결되어 있어 남자아이들이 매우 무서운 상황일 때 보면 고환이 쪼그라드는 것을 볼 수 있다. 특히 임신 가능성이 있는 젊은 여성과 남성의 경우는 간이 콩알만 해지는 일을 당하지 않도록 해야 한다.

간에 붙어 있는 쓸개가 있다. 스트레스와 관련되지 않는 장기가 별로 없지만, 간이 크다고 하면 용기가 있고 겁이 없는 사람을 말한다. 해부학적으로도 간이 크면 쓸개도 커진다. 그래서 그런지 용기 있는 사람을 '담대膽大하다' 고 한다.

이렇게 중요한 자율신경이 조화를 이루지 못할 때 자율신경 실조증 등이 와서 이해할 수 없는 증상이 나타난다. 하지만 예수님 안에서 평안을 누리면 간이 콩알만 해지는 일은 적어질 것이다.

10 _ 기타

스트레스는 만병의 원인이기 때문에 이로 인한 기타 많은 증상이 나타날 수 있다.

시력의 저하와 더불어 뼈까지 쇠잔해진다.

극심한 스트레스를 받고 나면 시력이 떨어지고 몸과 마음의 활력이 떨어지고 근력까지 저하되며 뼈가 쇠하여 진다. 2007년 아프카니스탄의 한국인 피랍 사건 14일째가 되었을 때 온 국민이

"피랍 스트레스"에 시달리고 있다고 했다. 탈레반에게 끌려가 공포에 떨고 있을 자식을 생각하며 애타하는 어머니는 눈을 제대로 뜨지도 못하고, 침이 말라 말도 제대로 하지 못하는 안타까운 상황을 화면으로 보았다. 아내가 아프카니스탄의 인질로 억류당하고 있는 남편의 미안하다는 말 속에 그 몸의 장기가 모두 슬퍼하는 것을 느낄 수 있었다.

"주님, 나를 긍휼히 여겨 주십시오. 나는 고통을 받고 있습니다. 울다 지쳐, 내 눈이 시력조차 잃었습니다. 내 몸과 마음도 활력을 잃고 말았습니다. 나는 슬픔으로 힘이 소진되었습니다. 햇수가 탄식 속에서 흘러갔습니다. 근력은 고통 속에서 말라버렸고, 뼈마저 녹아버렸습니다" 시편 31 : 9–10, 표준새번역 성경

고통 가운데서 가장 좋은 스트레스 해소 방법은 마음을 찢는 것이다. 하나님께 애통하고 부르짖으면 하나님은 우리의 모든 죄를 다 용서하시고 위로하시어 치유해 주신다.

"하나님께서 원하시는 제물은 깨어진 마음입니다. 깨어지고 짓밟힌 심령을 하나님은 멸시하지 않으십니다" 시편 51 : 17, 표준새번역

심한 고통 가운데 있을 때 십자가를 바라보며 자신의 죄를 생각

하고 눈물로 하나님의 자비를 받을 때까지 애통하면 복이 있다고 하셨다.

"애통하는 자는 복이 있나니 저희가 위로를 받을 것임이요"

마태복음 5 : 3

스트레스로 영양결핍이 올 수도 있고, 영양결핍도 스트레스가 될 수 있다. 극한적인 배고픔과 엄청난 과식도 모두 스트레스이다. 스트레스는 지나친 폭식을 일으킬 수 있다. 1일 1200칼로리 이하로 섭취하면 영양실조에 걸리기 쉽고, 너무 적게 먹으면 지방이 아닌 것들이 우리 몸에서 빠지면서 감량은 되지만 없애야 할 지방은 없애지 못하고 불쾌감만 고조되어 결국은 폭식하게 된다.

스트레스를 계속 받으면 면역력이 떨어져 천식, 호흡곤란증 등의 호흡기질환이 일어난다. 면역력은 여러 가지 상황에서 떨어질 수 있다. 중년 이후에 빈번하게 발생하는 '근막 동통 증후군' 도 스트레스가 가장 중요한 원인 중 하나인 것으로 밝혀졌다. 만성 관절류마티스도 스트레스로 오는 경우가 많다. 권태감, 성욕감퇴, 요실금, 월경곤란증, 이명, 수족 떨림, 요통 등도 스트레스가 원인인 경우가 많다. 특히 갱년기에는 스트레스에 예민하기 때문에 스트레스 관리가 갱년기 여성에게는 중요하다. Menopause is new pause! 생리의 멈춤은 새로움을 향한 멈춤이다.

스트레스는 암 발생률도 증가시킨다. 암세포에 대해 가장 강력한 파괴력을 갖는 세포인 Natural KillerNK세포는 강한 스트레스를 받으면 그 세포수가 현저히 감소하여 암 예방의 기능도 급격히 저하되는 것이다. 그러나 스트레스 반응은 개인차가 많아 누구나 암이 되는 것은 아니다.

스트레스는 미주신경을 통한 반사성 기관지 수축을 일으켜 천식에 걸릴 요인이 있는 사람에게 천식을 촉진시킨다고 알려져 있다. 잘 아는 목사님이 천식이 심하셨다. 그런데 매우 유명한 내과에서 약을 드셔도 낫지 않는다고 하신다. 새벽 기도를 인도 할 때는 기침이 나오지 않는데 대예배 때는 작은 소리에도 예민한 마이크에 긴장되어서인지 기침을 폭발적으로 하셔서 예배를 인도하기가 매우 힘들었다고 하셨다. 아마 스트레스가 원인인 것 같다고 하신다.

우리가 예수님을 떠나서는 스트레스 아닌 것이 없다. 화를 너무 내면 간이 나빠지고 그 현상은 눈으로 나타난다. 담즙분비에 이상이 오면 빌리루빈이 쌓여 눈이 노랗게 착색되는 황달이 온다. 웃는다고 다 좋은가. 그렇지도 않다. 너무 웃어도 심장이 나빠지고 그 현상은 혀로 나타난다. 따라서 심장이 나쁜 사람은 혀를 보면 짐작을 할 수가 있다. 생각을 너무 해도 비장이 나빠지며 그 현상은 입에 나타나고, 너무 슬퍼해도 폐가 나빠지며 그 현상은 코에 나타난다. 너무 무서운 일을 당해도 신장이 나빠지며 그 현상은 귀에 나타난다고 하였다. 따라서 오장육부가 건강하면 성형미인이 아니라 자연산 미인이 된다. 아무리 1톤의 화장품을 얼굴에 발라도 내적인 건강보다 더 좋은 피부 관리는 없을 것이다.

그 외에 우리는 날씨 때문에도 스트레스를 받는다. 더위를 잘 타는 사람과 추위를 잘 타는 사람이 있다. 예수님을 떠나서는 인간이 사는 모두가 스트레스다. 따라서 스트레스가 원인이 되어 오는 환자는 머리끝부터 발끝까지 증상을 다 들어보아야 한다.

06 해가 지도록 분을 품지 말고

에베소서 4장 26절

분을 내어도 죄를 짓지 말며 해가 지도록 분을 품지 말고

해가 지도록 분을 품지 말고

우리 인체의 기관에는 교감신경과 부교감신경이 있어 서로 균형을 이루어 우리의 몸의 상태를 잘 유지하게 한다. 호르몬도 균형의 면에서는 예외가 아니다. 호르몬이란 적은 양이 분비되지만 매우 중요하며 인체의 항상성을 유지시키는 물질이다. 따라서 그 호르몬의 균형이 깨지면 몸에 이상이 나타나고 병으로 나타나기도 한다.

스트레스를 받을 때 나오는 혈청 속의 하이드로코르티손hydrocortisone의 농도는 새벽 2시부터 증가하여 아침 8시 경에 절정을 이루고, 저녁 늦게까지는 계속 감소 추세를 보인다. 따라서 스테로이드 호르몬인 하이드로코르티손이 올라가는 아침에는 교감신경이 흥분되어 혈압이 오르나, 밤이 되면 교감신경과 작용이 반대되는 부교감 신경이 흥분하여 혈압도 차츰 내리고 잠도 잘 온다. 그러나 직장이나 생활의 현장에서 스트레스를 많이 받은 날은 그날의 분을 이기지 못해 잘 때까지도 가슴이 두근거리고 혈압이 정상화되지 않으며 분이 삭여지지 않아 잠도 제대로 못 이룬다. 하루 평균 하이드로코르티손 분비량은 12-20밀리그램이지만 스트레스 상황에서는 1일 400밀리그램이상이 될 수도 있다. 따라서 스트레스를 받으면 코르티코 스테로이드corticosteroid호르몬 분비항진으로, 위를 자극하여 위액 분비 촉진으로 속쓰림 등의 증상을 일으키게 된다. 지금은 집집마다 비상약을 준비해 덜하지만 약 이삼십 년 전만 해도 화가 나서 술을 마시고 잠자리에 들었다가 새벽녘에 속이 너무 쓰려 집과 약국이 달린 동네약국 문을 두드리는 환자로 인해 잠을 설쳤다는 동료 약사의 얘기를 많이 들었다. 그래서 성경에 "분을 내어도 죄를 짓지 말며 해가 지도록 분을 품지 말고"(에베소서 4 : 26)라고 한 것은 많은 이유가 있겠지만, 이런 스트레스 호르몬들인 하이드로코르티손과 코르티코스테로이드를 보더라도 해가 지도록 분을 풀지 않고 있으면 교감신경 흥분상태가 지속되어 밤이 되어도 우리의 인체는 계속 낮의 긴장 상태를 유지하게 된다. 그렇게 되면 동공은 확대되어 깬 상태를 유지하고, 밤에 평온해야 할 심장박동이 심하게 뛰며 화장실을 들락날락하게 되고 두통까지 와서 결국 생체 균형을 망가뜨리게 된다. 반면에 위의 운동이 감소하고 소화액 분비가 잘 되지 않아 밤에 위가 더부룩하여 소화가 안 되는 등 부교감 신경과 반대의 작용을 나타낸다. 그러다 보면 우리 몸은 밤에도 낮에 일어나야 할 현상들이 일어나 제대로 잠을 잘 수 없고 아침에 일어나면 잠도 잔 것 같지 않고 피로도 겹친다. 이러한 상태가 계속되면 몸의 입장에서는 고문이다. 그래서 성경은 분을 내어도 해가 지기 전에 풀어 곤하게 잘 자고 아침에 거뜬하게 일어나는 생체 리듬을 잘 관리하라는 것이다. 원수를 사랑하라는 것은 나를 위한 주님의 자비로운 충고다.

"노하기를 더디하는 자는 크게 명철하여도 마음이 조급한 자는 어리석음을 나타내느니라" 잠언 14 : 29-30

스트레스는 온 몸 구석구석을 망치며

스트레스가 쌓이면 순환기계, 소화기계, 내분비계, 근 · 골격계,

산부인과 영역 등 실로 병이 오지 않는 부분이 없음을 알았다. 우리의 몸이 오랫동안 스트레스를 방치하면 결국 인체 기관은 모두 망가진다. 스트레스를 받으면 숨이 가빠지는데 이는 각 기관에 세포대사를 위해 필요한 산소를 공급하려고 숨가쁘게 산소를 보내주어야 하기 때문이다.

07 스트레스로 인한 증상과 치료

잠언 14장 29절-30절

노하기를 더디하는 자는 크게 명철하여도
마음이 조급한 자는 어리석음을 나타내느니라

스트레스로부터 오는 증상을 빈도별로 보면 두통, 위통, 흉통, 흉부압박감, 불쾌감, 구토, 설사, 불면, 식욕저하, 인중이물감 등의 순으로 나타난다. 부정적인 스트레스가 오래 지속되면 몸의 내부 환경은 자동적으로 스스로 조절하는 생체의 항상성homeostasis을 유지하는 방향으로 작동하지 못하고, 회복의 시기를 놓쳐 병을 일으키게 된다. 스트레스로 인해 가장 최고의 건강진단기기인 우리의 몸이 어떤 사인을 보내면 가능한 빨리 몸의 상태를 정상화시키도록 식이요법, 생활요법을 개선하면서 전문가의 말에 따라 치료를 해야 한다. 우리의 몸은 스스로 치유할 수 있는 자연치유력이 있다. 잘 먹고, 잘 싸고, 잘 움직이고, 잘 자면 건강하다고 한다. 매일 매일 건강에 관심을 갖고 한끼 한끼를 올바로 먹고, 올바로 운동하고, 올바른 배설을 통해 우리의 몸에 남는 찌꺼기가 없도록 관리하여 병을 예방해야 한다. 가장 좋은 치료는 예방이다. 스트레스로 인한 증상은 다 열거할 수 없지만 몇 가지만이라도 그 증상과 해결점에 접근해 보자.

고혈압

우리가 싸울 때나 상대방이 화를 낼 때 혈압 올리지 말라고 한다. 스트레스로 오는 결과 중 가장 나쁜 것 중 하나가 고혈압이라 할 수 있다. 스트레스로 혈압이 일시적으로 오를 때에는 잠깐 옆으로 누워 몸과 마음을 이완relax시키면, 교감신경의 긴장이 풀어져 혈압이 떨어질 수 있다. 또 누우면 신장으로 흘러들어 가는 혈액량이 늘어나므로 레닌의 분비가 억제되어 혈압이 저하된다. 갑자기 화를 내어 혈압이 오를 때는 조용한 곳으로 가서 마음을 가라앉히고 잠시 눕는 것만으로도 혈압은 떨어진다. 혈압을 가장 빨리 올라가게 하는 것은 스트레스성 분노라고 할 수 있다. 분노하다가 혈압이 갑자기 올라가 쓰러졌다는 말을 많이 듣는다. 혈압이 정상이면 25년은 젊게 산다고 신문에서 읽었던 기억이 난다. 사실이든 아니든 혈압이 높은 상태에서는 몸이 정상적일 수 없다. 심혈관질환의 3대 주범이 담배, 고혈압, 고콜레스테롤혈증이다.

혈압이 높은 분들은 위염이 심하지 않으면, 토마토를 적극적으로 활용하기를 권한다. 토마토가 건강에 얼마나 좋은지 '토마토가 빨갛게 익으면 의사의 얼굴이 새파래진다' 는 속담이 있을 정도이다. 토마토의 빨간색에 함유되어 있는 리코펜lycopene은 베타카로틴β-carotene의 2배의 항산화력을 가지고 있어 생활습관병의 예방 효과를 나타낼 뿐 아니라, 혈관을 튼튼히 하는 루틴rutin과 풍부한 칼륨과 식물섬유 펙틴pectin이 협력해서 혈압을 낮추고 고혈압을 개선시키며 혈청중의 콜레스테롤을 저하시킨다. 토마토는 양파, 레몬과 합하여 혈액을 맑게 하고 특히 스트레스에 의한 고혈압에 효과가 있다. 만드는 방법은 토마토를 따뜻한 물에 담가 껍질을 벗겨 얇게 썰고, 양파는 얇게 썰어 물에 담갔다가 넣고, 레몬을 끼얹고, 올리브유, 식초를 뿌려 냉장고에 두었다가 먹는다.

고혈압 환자가 비만일 때는 하나님이 만들어 주신 지구상 유일의 천연동물성 식이섬유인 키토산chitosan을 일정 기간 먹는 것도 좋다. 키토산은 혈압 상승 억제 작용이 있으며, 콜레스테롤 조절 작용이 있어 유익한 HDL-콜레스테롤은 증가시키고, 나쁜 콜레스테롤인 LDL-콜레스테롤은 감소시키므로 비만 예방과 고혈압을 동시에 잡을 수 있어 도움이 된다. 단, 이런 동물성 식이섬유를 사용할 때는 물을 6~8잔 정도로 충분히 마셔야 한다. 조개껍질 알러지가 있으면 주의해야 하며, 임신, 수유 중에는 사용하지 않는 것이 좋다. 다른 약을 먹고 있을 때는 전문가에게 자세히 복약지도를 받는 것이 좋다. 고혈압은 뇌졸증을 일으킬 확률이 매우 높다. 따라서 고혈압 환자는 준비운동을 잘하고, 산소를 많이 이용하는 유산소 운동을 주 3~5회, 1회에 20~60분씩을 숨이 찰 정도로 한 후, 마무리 운동을 하여 혈액순환이 잘 되도록 한다. 그러나 무리한 운동은 하지 않도록 한다.

또, 고혈압 환자는 추운 환경에 노출되는 것을 피하고, 사우나를 할 때도 냉탕과 온탕을 왔다 갔다 하는 것은 주의해야 하며, 화장실에서 힘을 주는 것도 피한다. 그러나 무엇보다도 스트레스를 잘 관리하는 것이 필요하다.

불임

일단 결혼을 하면 임신을 위해 적극적으로 함께 배란일을 중심으로 잠자리를 해야 한다. 영적 의사인 사도바울도 "서로 분방하지 말라. 다만 기도할 틈을 얻지 위하여 합의상 얼마 동안은 하되 다시 합하라 이는 너희의 절제 못함을 인하여 사단으로 너희를 시험하지 못하게 하려 함이라"(고린도전서 7 : 5)고 말했다. 미국에서는 안방이 2개인 아파트가 인기라고 하며, 점차 늘어나는 추세라고 한다. 독립적인 생활을 위해 좋다고 하나 젊은 부부의 경우는 불임의 확률이 높다. 문명의 발달은 불임의 요소를 높이고 있다. 특히 스트레스와 더불어 밤늦게까지 컴퓨터 작업 등을 하느라 배우자에게 수면 방해를 할 수도 있지만, 부부는 함께 누워 있어야 마음이 동하면 성생활을 하기 쉽지, 각방을 쓰면 한 번 잠자리를 위해 서로의 문을 두드린다거나, 핸드폰이나 문자로 전달을 해야 한다든지 뭔가 절차가 복잡하다. 거기다 다투는 일이라도 있으면 더 쉽게 각방을 쓴다. 그래서 옛날 우리 어른들은 결혼 초기에 단칸방 생활을 하라고 권하셨다. 싸워도 따로 나갈 데가 없으니 자연스레 살을 맞대고 자고나면 말로 풀 수 없는 일들이 풀리는 경우가 많다.

정신 노동자보다 육체 노동자가 훨씬 스트레스가 적다고 볼 수 있다. 건강한 몸은 하룻밤 자고 나면 피로가 확 풀린다. 히브리인들이 애굽의 노예상태에 있었지만 노동량이 많을수록 출산을 더 잘했다는 것은 육체적 노동은 정신적 스트레스에 비해 불임의 장애요인이 아님을 알 수 있다.

"산파가 바로에게 대답하되 히브리 여인은 애굽 여인과 같지 아니하고 건장하여 산파가 그들에게 이르기 전에 해산하였더이다 하매 하나님이 그 산파들에게 은혜를 베푸시니 그 백성은 번성하고 매우 강해지니라" 출애굽기 1 : 19-20

어릴 때 영화를 보면 기찻길 옆 어려운 판잣집에 사는 아이들이 많고, 놀부네보다 가난한 흥부네에 아이가 많다. 육체적인 피로는 특별한 질환이 없는 한 자고 나면 풀린다. 물론 정신적 피로도 다 나쁜 것은 아니다. 약간의 스트레스를 받는 것이 작업 능률도 오르고 성취되었을 때의 성취감도 높고 열심도 더 생긴다.

우리 몸은 스트레스를 받으면 체온이 올라가고 고환도 스트레스를 받으며 기형적인 정자들을 발견할 수 있다고 한다. 따라서 가임기 남성들은 음낭이 열을 받지 않도록 열탕이나 뜨거운 사우나 등 너무 더운 환경에 노출되거나 꽉 조이는 바지를 입지 않는 것이 좋다. 특히 장기간 병을 앓고 난 후에는 정자가 활기를 잃어 약 6개월 정도 지나야 회복된다. 남자들은 정력에 좋다는 것을 먹는 것보다 술, 담배를 하지 않는 것이 더 좋을 것이라고 생각된다. 불임의 경우 남성은 코엔자임 Q10Coenzyme Q10, 비타민C 등이 도움이 되는 경우도 있다.

아무리 부정적인 스트레스가 없고 건강관리를 잘 한다고 해도 불임의 치료는 태를 열기도 하시고 닫기도 하시는 여호와 하나님께 전적으로 달려있다.

"이삭이 그 아내가 임신하지 못하므로 그를 위하여 여호와께 간구하매 여호와께서 그의 간구를 들으셨으므로 그 아내 리브가가 임신하였더니 아이들이 그의 태 속에서 서로 싸우는지라 그가 이르되 이럴 경

우에는 내가 어찌 할고 하고 가서 여호와께 묻자온대" 창세기 25 : 21-22

"여호와께서 이르시되 내가 아이를 갖도록 하였은즉 해산하게 하지 아니하겠느냐 네 하나님이 이르시되 나는 해산케 하는 이인즉 어찌 태를 닫겠느냐 하시니라" 이사야 66 : 9

임신이 될 때까지 하나님께 기도하고, 부부가 할 수 있는 노력을 다 하면 자비로우신 하나님께서 좋은 결과를 주실 것이다. 여호와께서는 오늘도 임신을 원하는 자들에게 사라에게 이야기하였듯이 여호와께 능치 못한 일이 있겠느냐고 말씀하신다.

"여호와께 능하지 못한 일이 있겠느냐 기한이 이를 때에 내가 네게로 돌아오리니 사라에게 아들이 있으리라" 창세기 18 : 14

변비

변비란 변이 대장에 너무 오래 머물러 있어 배출되기 어렵거나, 변이 단단하고 말라서 배출되기 어려운 것을 말한다. 대변이 너무 오래 대장 내에 머물면 유해 물질이 발생돼 장을 자극시킨 상태가 된다. 대장암이 잘 발생하는 곳은 항문과 가까운 직장이다. 또한 변을 누려고 너무 애쓸 필요도 없다. 사흘에 한번 시원하게 배변해도 정상이다. 그러나 3~4일이 지나도 배변이 시원치 않으면 변비약을 먹는 것이 좋다. 대부분의 변비약은 취침 전 복용하며, 대체로 충분한 물과 함께 복용하며, 변이 잘 나오게 하는 완화제를 1주일 이상 사용할 때는 전문가와 상의한다.

건강의 척도로서 보통 삼쾌三快를 든다. 쾌면(기분 좋게 자는 것), 쾌식(기분 좋게 먹는 것), 쾌변(기분 좋은 배변)을 말한다. 우리의 몸은 내보내고 들어와야 한다. 쓰레기를 가장 많이 만드는 동물은 인간이라고 한다. 농사를 짓던 육체노동이 생활이었던 때는 야채와 곡류를 위주로 한 식사로 밥 한 양푼에 갖은 나물을 넣어 고추장 넣고 참기름 한 방울 떨어뜨려 비벼먹었다. 그러니 섬유질을 많이 섭취하여 변비 걱정도 없었고, 오히려 섬유질을 너무 먹어 위장에 부담이 되어 소다를 늘 먹는 사람도 많았다.

그러나, 요즈음에는 자동차 문화로 걷는 기회가 줄어 운동이 부족할 수 있다. 게다가, 고칼로리 음식, 잘 요리된 풍부한 육식, 인스턴트 음식 등으로 인해 변비에 걸릴 가능성이 증가하였으며, 스트레스로 인한 대장, 항문 질환도 증가하게 되었다. 또한 단백질의 섭취가 늘어나면서 뱃속의 가스도 많이 차서 가스가 입으로, 항문으로 나온다. 가스가 심할 때는 가스 생성 음식인 탄산음료, 콩, 보리, 고구마, 유제품 등을 줄이고, 껌을 적게 씹고, 식사 시 말을 적게 하고, 천천히 꼭꼭 씹어 먹되 과식은 피하도록 하는 것이 좋다.

대장은 소장보다 약 5센티미터 더 굵고 직장으로 갈수록 구경이 좁아진다. 대장의 운동은 교감신경과 부교감신경이 그 기능을 조절하고 있어 스트레스에 매우 민감하다. 위에 음식물이 들어오면, 위 · 대(결)장 반사에 의해 대장에 급히 연동운동이 일어나 직장벽에 있는 골반 신경을 흥분시켜 하위 중추의 척추와 상위 중추의 연수에 전달되어 변이 마려운 느낌을 느낀다. 이 때 배변을 참으면 직장은 이완되어 내압이 저하되고 변의를 느끼지 않게 되며, 반복되면 변비로 이어진다.

고단백, 고지방식의 서구식 식사는 섬유질이 적고 지방의 비율이 높아 변의 양을 적게 만들고 배설도 더욱 힘들게 한다. 요즈음은 날씬한 몸매를 위해 너무 적게 먹고 그것도 인스턴트 등 장이 별로 움직일 필요도 없는 것을 조금 먹고 똥배 나온다고 변을 많이 배설하기 위해 섬유질 제제를 먹는다. 섬유질이 물로 인해 부피가 늘어난 것을 변의 형태로 배출이 되면 변을 눈 것으로 오해하는 안타까운 경우도 있다.

배변은 생리적으로 아침 식후가 최적이다. 가능한 아침 식후 변의便意는 참으면 안 된다. 배변을 잘 하려면 아침 식후 즉시 화장실에 가서, 여유를 갖고, 가슴을 움직이지 않은 채 배만 앞으로 내밀면서, 입을 살짝 벌린 상태에서 코로 숨을 마셨다가, 호흡을 멈춘 다음, 너무 힘을 쓰지 말고, 배꼽 아래 부위만 내민다는 느낌으로 아랫배에 힘을 가한다. 그리고 천천히 숨을 내쉬는 복식호흡을 훈련한다. 일단 화장실에 가면 20초 정도는 기다려 본다. 때에 따라서는 몇분 정도 앉아 있는 것도 필요하다. 재래식 변기에 앉았을 때의 웅크린 자세가 변이 쉽게 배출될 수 있어 변비에 좋다. 화장실은 나만의 공간이 되어야 한다. 누가 밖에서 나의 생리적인 소음을 듣고 있으면 도저히 배변이 안 된다. 따라서 위생적인 문제나 여러 가지 이유가 있겠지만 신명기에서 진 밖에 변소를 만들라고 한 것은 나 홀로 배변을 돕기 위한 배려가 아닌가 생각된다.

"네 진영 밖에 변소를 마련하고 그리로 나가되" 신명기 23 : 12

위장에서 나간 음식물이 직장까지 도착하려면 일반적으로 약 18시간이 소요된다. 따라서 보통 입으로 들어간 음식물은 식후 약 24시간이면 체외로 배설되므로 배변은 1일 1회가 보통이다. 그래서 이삼일 분의 먹은 것들이 체내에 쌓여있으면 뱃속이 거북하다. 그래서 요즈음 장청소를 한다는 약도 있던데 실제로 장을 청소하는 약이 있을지 의문이다. 그래서 우리는 일용할 양식을 그것도 매일 구해야 한다. 어제 먹은 뱃속의 노폐물을 아침 식사 후 깨끗이 비우고 또 새로운 밥을 해서 오늘의 내 몸이 필요한 영양소를 섭취해야 한다. 우리 몸을 창조하시고 우리 몸의 생리를 확실히 아시는 예수님이 우리에게 하루 분의 음식만 구하라고 하신 것은 사랑의 가르침이다.

"오늘 우리에게 일용할 양식을 주옵시고" 마태복음 6 : 11

자기의 대변을 대장에 넣고 다닐 필요가 전혀 없다. 그렇다면 오히려 건강을 해치고 수많은 대장 질환을 일으키는데 측면 지원을 하게 된다. 미련 없이 아침 식사 후 갖다 버려야 한다. 예수님을 아는 지식 외에는 배설물로 여기고 자랑할 것이 없는 것이다.

"또한 모든 것을 해로 여김은 내 주 그리스도 예수를 아는 지식이 가장 고상하기 때문이니라 내가 그를 위하여 모든 것을 잃어버리고 배설물로 여김은 그리스도를 얻고" 빌립보서 3 : 8

그러나 자연 순환의 의미에서 보면 대변은 쓰레기가 아니다. 한자의 분糞을 보면 쌀 미米와 다를 이異의 합성어로 곡식의 순환을 의미하므로 변은 쓰레기가 아니다. 변이 건강해야 한다. 건강검진 시 변을 담아가는 것도 이 때문이다. 건강한 변은 색깔도 좋고 구린내도 별로 없으며 배변 후 닦아도 휴지에 거의 묻지 않아야 항문 괄약근의 조절이 좋은 것이다.

변비에는 걷는 것이 좋다. 걷기는 대표적 유산소 운동으로 저강도의 운동이며 생활 습관병을 없애주는데도 좋다. 걸을 때 발바닥의 반사구가 관련 장기를 자극해 주어 변을 수월하게 해준다. 예수님처럼 걷는 것이 최고로 건강하게 장수하는 운동이다. 약물에 의해서도 변비가 온다. 만약 약을 바꾸고 나서 갑자기 변비가 오면 약사에게 물어보아야 한다. 그 외에도 노화로 인한 변비도 있고, 식사량의 부족, 신장질환, 임신, 배변하고 싶은 것을 참는 것, 당뇨병 등으로도 변비가 올수 있으며 실로 변비의 원인은 여러 가지다.

호르지 않는 물은 썩는다. 켈로그 박사는 그의 저서 『배의 위생』에서 "깨끗한 장은 화장품보다 낫다"고 말하고 있다. 예수님께서도 우리 안의 것을 내 놓는 것이 우리의 건강을 찾게 한다고 하셨다. 변비가 있으면 구취가 나고, 체취도 좋지 않으며 변비의 합병증은 여러 가지 만성적인 병을 일으키는데 불면, 두통, 우울증, 피부질환, 소화불량, 게실증, 피로, 비만, 치질 등을 직접 또는 간접으로 일으킨다.

변비의 식이요법 중 일단 섬유질이 많은 식사를 하는 것이 대장의 보약이다. 대장의 조건에 따라 신선한 야채, 과일, 특히 서양자두는 효과가 빠르며, 전곡류, 무청, 마늘, 고구마, 당근, 양배추 등을 먹으면 배변량이 많아지고 대장의 콜레스테롤을 흡착하여 배출시킨다. 그러므로 식사량을 너무 줄이지 말아야 한다. 어느 정도의 식사량이 있어야 대변이 형성되며, 때로는 보리밥과 강된장에 호박잎 쌈을 싸서 한 끼 정도 과식을 해서 장의 연동운동을 촉진시켜 배변을 유도한 우리 어머니들의 방법도 써 보면 좋다. 변비환자는 튀긴 음식, 지방이 많은 음식을 적게 섭취하고, 탄산음료, 밀가루, 커피, 설탕, 유제품도 주의해서 먹어야한다.

변비 치료는 자기 체질에 맞게 대책을 세운다. 옛날 사람들이 변비가 심할 때 물 한 바가지에 소금을 타서 먹었듯이 지금도 건강기능 식품으로 소금 제제를 먹는 사람이 있다. 그러나 이것을 정상적인 사람이 수시로 이용하면 안 된다. 아침 냉수가 보약이라고 너무 오랫동안 먹어 온 분이 심한 설사로 오래 고생하다 오는 경우도 있다. 떠돌아다니는 지식에 너무 현혹되지 말자.

비만

발전하는 나라마다 비만이 급증하고 있으며, 비만은 질병의 차원을 넘어 미국에서는 비만과의 전쟁을 선포할 정도로 사회적인 문제가 되고 있다. 미국의 경우 성인 10명 중 6명, 영국과 독일 등도 국민의 과반수가 과다체중이라고 한다. 문화가 발전하면 빈곤의 질병보다는 풍요의 질병이 훨씬 많아진다. 비만도 풍요의 질병 중 하나다. 살 빼는 약은 많지만 계속 복용하여 지속적으로 체중을 감소시키는 약이 없고, 감소된 체중을 유지하면서 계속 복용하여도 안전한 비만치료제는 아직 없으므로 비만은 평생 관리해야 한다. 어떤 가수는 TV에 나와서 자기는 몸매 관리를 위해 한 번도 혁대를 풀고 먹어본 적이 없다고 했다. 비만으로 들어가는 돈이 당뇨병이나 심장병, 고혈압 등의 생활습관병으로 드는 돈보다 많다고 하니 비만에 좋다는 광고는 앞으로도 끊임없이 많아질 것이다.

건강한 사람이란 적절한 영양상태에 있는 사람이다. 오늘날 현대인의 1/3은 영양부족undernutrition상태이고, 1/3은 영양과잉overnutrition의 문제를 갖고 있으며, 나머지 1/3은 정상으로 먹는다고 한다. 20세기 대표적 신학자인 칼 바르트가 말하기를 "대지는 하나의 식탁이며 만인이 함께 그 소산을 나누어 먹어야 할 공동의 식탁이다"라고 했다. "적게 먹어 걸리는 병은 잘 먹으면 쉽게 낫지만, 많이 먹어 걸리는 병은 중국의 전설적인 명의 화타나 편작이 와도 고치지 못한다"라는 말이 있다. 많이 먹어 걸리는 대표적 질환이 바로 비만이다. 오드리 햅번의 시에서 날씬한 몸매를 원하면 자신의 먹을 것을 남들에게 나눠주라고 한 부분이 기억난다. 많이 먹어 뚱보가 되지 말고 나누면 모두 날씬해진다. 암癌은 병 '질疾'자 안에 입 '구口'자가 세 개 있고, 그 밑에 뫼 '산山'이 있으니, 먹고 먹어 산더미같이 먹어 생긴 병이라는 뜻이라고 웃으면서 말하는 분도 있다. 옛날 사형 방법 중 하나로 호사스런 방에 산해진미를 넣어주고 좁은 방에서 비만이 되어 죽게 만드는 것이 있다.

스트레스는 다이어트의 적이다. 인간의 욕구 중 가장 쉽게 만족시킬 수 있는 것이 식욕이다. 이 욕심 때문에 얼마나 많은 죄가 일어나고 있는지 모른다. 인류의 죄의 시작도 식탐에서 시작되었다고 할 수 있다.

"여자가 그 나무를 본 즉 먹음직도 하고 보암직도 하고 지혜롭게 할 만큼 탐스럽기도 한 나무인지라 여자가 그 열매를 따먹고 자기와 함께 있는 남편에게도 주매 그도 먹은지라" 창세기 3 : 6

그래서 야고보서 기자는 욕심이 죄며, 죄는 죽음을 가져온다고 했다.

"욕심이 잉태한 즉 죄를 낳고, 죄가 장성한즉 사망을 낳느니라"
야고보서 1:15

즉, 식탐으로 비만해지면 엘리처럼 비만하고 둔해져서 사망하게 된다.

"하나님의 궤를 말할 때 엘리가 자기 의자에서 자빠져 문곁에서 목이 부러져 죽었으니 나이 많고 비둔한 연고라 그가 이스라엘 사사가 된지 사십년 이었더라" 삼상 4 : 18

결론부터 말하면 비만을 떨치기 위해서는 건강한 유전적 요인을 부모로부터 물려받아 긍정적인 태도로 스트레스를 해소하고 규칙적인 운동과 적절한 휴식과 균형잡힌 식이가 중요하다.

세계 인구 중 과체중인 사람의 수가 저체중인 사람보다 많아진 지도 오래다. 수년 전 세계보건기구WHO도 '비만과의 전쟁'을 선포했다. 비만은 인간만의 문제가 아니다. 외국에서는 동물의 비만도 심각하다. 이 현상이 우리나라에도 닥칠까 겁이 난다. 한 집에 사는 주인처럼 애완동물도 가족이니까 가족성 생활습관병을 앓지 않도록 주의해야 한다.

비만이란 체중의 과잉이 아니고, 지방조직의 과다축적상태, 즉 체지방이 비정상적으로 많은 상태를 말한다. 은행예금은 입금이 많고 출금이 적을수록 예금액이 늘어서 좋지만, 체중은 그 원리가 예금처럼 과다하면 잉여분이 피하조직이나 장간막에 중성지방의 형태로 저장되어 비만이 된다. 그러나 많이 먹어서 온 비만이건 물만 먹어서 온 비만이건 비만은 과체중만큼의 지방덩어리를 지고 다니고, 잘 때도 안고 자고, 무거운 짐을 지고 다니는 것이다. 이럴 때도 예수님은 우리에게 오라고 하신다. 스트레스에서 온 짐이거나 식욕을 조절하지 못해 온 짐이거나 다 오라고 하신다. 성경적 식이생활로 돌아가면 우리의 몸과 마음이 가벼워진다.

"수고하고 무거운 짐 진 자들아 다 내게로 오라 내가 너희를 쉬게 하리라 나는 마음이 온유하고 겸손하니 나의 멍에를 메고 내게 배우라

그리하면 너의 마음이 쉼을 얻으리니" 마태복음 11 : 28-29

하나님께서 가장 좋은 상태로 나의 몸을 조절하시려는 사랑이 내 몸에 나타나 있다. 몸(성전)이 뚱뚱하면 뇌(하나님)는 고민한다. 많이 먹는데도 만약 지방세포가 커지지 않는다면 우리 몸은 더욱 심각한 상황이 일어난다. 우리 몸은 온도조절장치처럼 설정된 온도를 기준으로 그 이상이 되거나 이하가 되면 그것을 조절하듯이 각 개인마다 고유의 체중을 가지고 있어 자신의 내적인 조절수단에 의해 자신의 몸무게를 유지하려는 경향이 있다는 세트포인트 이론Set-Point theory이 있다. 우리나라 아동들의 평균 신장이 조금씩 자라나듯 고유 체중도 매년 조금씩 상향조정되고 있는 것이다. 이런 이유로 비만인의 증가가 계속되고 있다고 볼 수 있다.

의외로 성생활로 인해 오는 스트레스성 여성 비만 환자도 많다. 비만 중에도 더욱 고민할 것은 내장 비만이다. 보기에는 날씬해도 간, 장, 심장 등의 내장은 기름이 많이 끼어 내장 장기 입장에서는 영양결핍 상태가 되는 것이다. 내장비만을 빼기 위해서는 유산소 운동을 꾸준하면서도 알맞게 하고, 근육량을 늘이고, 아침식사는 꼭 하는 것이 좋다. 아침은 가능한 한국식 식단으로 밥과 맑은 국과 나물, 생선 한 토막, 해조류 등을 중심으로 짜면 하루일과를 지내는 데 좋다.

"아침에는 떡으로 배부르리니" 출애굽기 16 : 12

예수님께서도 부활하신 후 세 번째 나타나셔서, 디베랴 바닷가에서 밤새 물고기를 한 마리도 잡지 못한 제자들에게 그물을 배 오른편으로 던지라고 하시고, 그물을 들 수 없게 고기를 잡히게 하신 후, 육지에서 친히 숯불에 생선과 떡을 구워 아침을 먹이셨다. 더구나 아침을 굶으면 전 날의 노폐물이 빠져나가지 못할 뿐더러, 공복감으로 살찌는 호르몬이 배출되어 비만이 되기 쉽다. 따라서 조금씩 자주 먹으면 비만을 방지하는 데 도움이 된다. 조선시대의 왕들은 하루 다섯 번의 수라상을 받았다고 한다. 이른 아침 초조반과 10시의 조반, 5시의 석반, 밤중의 야참을 먹으며, 특이한 것은 낮것상이라 하여 조반과 석반 사이에 먹는 점심點心으로 마음에 점을 찍는다는 느낌으로 미음 정도 먹었다고 한다. 즉, 식사와 식사 사이에 소량의 요기를 하여 위가 비지 않도록 하였다.

아침break+fast이란 영어 단어는 fast(금식)+break(깨뜨리다)로 구성되어 있다. 전날 저녁식사 후 약 12시간 이상의 금식의 상태를 깨뜨려야 한다고 내 나름대로 풀이해 본다. 아침을 먹어야 음식물이 위로 들어갈 때 위결장 반사에 의해 강한 연동운동이 일어나 변이 직장으로 운반된다. 따라서 아침을 먹고 화장실에 가는 습관을 가지면 참 좋다. 같은 음식이라도 아침에 먹으면 살이 덜 찌고, 저녁에 먹으면 살이 더 찌기 쉽다. 또 많은 분들이 과일은 살이 찌지 않는다고 생각하여 과일을 지나칠 정도로 많이 먹는다. 우리가 어릴 때는 수박을 고를 때 어느 것이 달고 맛있게 잘 익었는가를 두드려 보고, 삼각으로 잘라 먹어도 보고 괜찮으면 샀다. 그러나 나의 경험으로는 요즈음 수박이 안 익은 것은 거의 없고, 오히려 너무 익거나 달아졌다는 느낌이 든다. 대부분의 과일의 당도가 옛날에 비해 너무 높아진 것 같다. 미국 소아과학회는 과일 주스의 하루 용량을 정해 놓았다. 1-6세는 하루 120-180cc를 초과하지 못하게 하고, 7~18세는 하루 240-360cc를 초과하지 못하도록 권장하고 있다. 동물실험에 따르면 저섬유질과 설탕이 너무 많이 든 주스를 마시면 췌장이 인슐린을 지나치게 분비시켜 오히려 저혈당을 일으켜 우울하고 피로하며 당뇨병까지 일으킬 수도 있다고 한다. 체내 지방을 줄이려면 지방이 함유된 음식의 섭취를 줄이는 것도 중요하지만, 음식의 조리형태에도 관심을 가지고 튀김 및 드레싱 등을 조심하는 것이 필요하다.

비만을 치료하기 위해 많은 분들이 한 가지 음식만 70퍼센트 이상을 먹는 원푸드one food 다이어트를 하는데, 영양학상으로도 좋지 않고, 요요현상이 오므로 권장하지 않는 다이어트 방법이다. 그러나 경우에 따라 아주 짧게 몸의 쉼을 위해 할 수는 있다. 토마토, 분유, 포도 등 아무 것이나 선택하지 말고 전문가와 충분한 상의가 있어야 한다. 특히 황제 다이어트는 평생 단백질이나 지방식만 먹고 살 수도 없고 만약 먹는다고 해도 콩팥의 희생도 크고 수명을 단축하게 되니 조심해야 한다. 한때 일본에서는 고춧가루 다이어트가 유행한 적이 있어 여성들이 핸드백 안에 고춧가루를 넣고 다녔다고 한다. 그러나 이것은 위염이나 위궤양을 일으킬 수도 있다. 비만 스트레스에서 벗어나는 것은 균형잡힌 식사로 원하는 체중이 될 때까지 원하는 몸무게를 두고 기도하며 적게 먹는 것이다. 체질량지수$18.5 \le BMI < 23$ $BMI = kg/m^2$가 정상이 되도록 성전인 몸을 관리해야 한다. 강도가 약한 유산소 운동을 꾸준히 하고, 시간이 없거나 운동할 형편이 안 되면 가벼운 맨손체조로 평소에 사용하지 않는 근육을 움직여주는 것이 좋다. 우리가 어릴 때 아침이 되면 라디오에서 국민체조를 하는 시각을 알리고 전 국민이 체조를 했던 기억이 난다. 전 국민이 안 되면 교회 공동체나 부서별 모임에서 국민체조를 습관화하면 좋겠다.

먹는 것이 가장 문제다. 섭취칼로리≤소비칼로리가 되게 하고, 규칙적인 식습관을 가진다. 가능한 여러 종류의 음식을 먹되 조금씩 담아 20번 이상 천천히 씹어 먹고, 지정된 장소에서만 식사를 하도록 유의한다. 식사시간은 최소한 20~30분이 적당하다. 간식, 가공 식품, 정제된 식품, 튀긴 음식, 기름진 음식, 지나치게 조리된 음식을 피하고, 가능한 굽거나 찐 음식을 먹는다. 비만이 되면 합병증인 고혈압, 동맥경화증, 고지방혈증, 허혈성 심장질환, 지방간, 담석증, 당뇨병 등이 오지 않도록 주의를 한다.

무엇보다도 비만은 치료보다 예방이 중요하며, 비만은 당뇨병이나 고혈압처럼 평생 관리해야 한다. 특히 자기에게 맞는 영양요법은 필수다. 결론적으로 성경말씀대로 비만한 몸이 되지 않도록 식사 때마다 올바로 먹도록 우리 몸을 지으신 하나님께 기도하고, 오늘까지 건강했던 것을 기뻐하며, 내일도 건강을 지켜주실 것을 감사하며 먹는 만큼 운동으로 태운다.

"항상 기뻐하라 쉬지 말고 기도하라 범사에 감사하라"

데살로니가전서 5 : 16-18

그리하여 우리의 체질을 가장 잘 아시는 하나님 아버지가 주신 성전인 몸을 비만의 지경까지 가지 않게 잘 관리하여 주님의 영광을 가리지 않기를 소원한다. 오늘 이후로 주님의 자녀는 먹든지 마시든지 모든 에너지를 하나님의 영광을 위해 쓰임 받을 수 있도록 먹자.

"그런즉 너희가 먹든지 마시든지 무엇을 하든지 다 하나님의 영광을 위하여 하라" 고린도전서 10 : 31

과식도 죄다. 혼자만 먹어 병들지 말고, 나눠 먹고 건강한 것이 훨씬 지혜롭다. 지구라는 하나의 빵 덩어리는 형제간에 골고루 나눠 먹으면 결코 부족함이 없이 충분하다. 옛날 중국에 복팔분무의

服八分無醫라는 말이 있다. 즉, 배에 팔부80퍼센트만 채우면 의사가 필요 없을 정도로 건강하다는 말이다. 일본에도 80퍼센트만 배가 차게 먹으면 의사가 필요없다는 속담이 있다. 먹는 것을 참을 수 없고 먹지 않는 것이 스트레스 일 때가 있다. 이런 때에는 냉장고에 자신의 날씬하고 예쁜 모습을 붙여놓고 그때를 회상하면 냉장고 문을 열다가 다시 닫을 것이다.

쇼핑중독

시대에 따라 스트레스로 나타나는 현상은 더욱 복잡해진다. 옛날에는 자동차가 없어 필요한 물건을 구입할 때는 걸어서 갔으나 오늘날은 자동차를 탄다. 거기다 잘 꾸며진 백화점이나 쇼핑센터는 충동구매를 자극한다. 아이, 어른 할 것 없이 통제하기 어려운 쇼핑중독은 심각하다. 더구나 광고가 사람을 부르고, 더울 때는 시원하게, 추울 때는 따뜻하게 해놓고, 많은 사람들 속에서 시간 보내기에 좋다. 거기다 진열된 물건은 보기만 해도 살 수 있는 수준이 된 것처럼 자신의 신분상승을 즐길 수 있다. 거기다 인터넷 쇼핑몰이 생겨 집에 앉아서도 구매가 가능하다. 어떤 10대는 순식간에 한 달 용돈을 다 써버리는가 하면, 젊은 여성은 부모님의 지갑까지도 넘보는 현상도 일어나고 있다고 한다. 한번의 '클릭' 으로 손쉽게 구매할 수 있는 인터넷 쇼핑의 거래 규모가 13조원을 넘는다니……. 과연 이들이 필요해서 사는 것일까? 자신을 절제하지 못해 생기는 현상으로 정신과의 도움을 받아야 할 때도 있다고 한다.

식욕부진

우리나라 사람들은 사계절 중 여름과 겨울에 가장 많이 먹는다고 한다. 스트레스가 극한 상황에서 식욕부진이 오면 아예 음식을 삼킬 수가 없는 경우도 있다. 어떤 여성은 소화가 안 되어 하루에 죽지 않으려고 밥 한 숟갈에 새우젓을 얹어 겨우 밀어 넣는다고 한다. 물론 오랫동안 못 먹어 몸은 매우 빼빼 말라 있다. 이 상태는 부정적인 스트레스 상태가 오래 지속돼 소화기가 거의 운동을 하지 않는 상태의 경우에서 온 것이라고 볼 수 있다.

폭식도 문제지만 거식증拒食症, anorexia nervosa도 심각하다. 내가 아는 미국의 젊은 여자 청년은 거식증에 걸려 실신하기 직전까지도 먹지를 않아 병원신세도 지고 결국 본인이 영양치료학을 공부하게 되는 계기가 되었다고 한다. 그런데 이런 폭식증이나 거식증도 스트레스로 인한 경우가 더 많다는 것이다. 잘 사는 나라를 중심으로 비만에 대해 큰 죄인인 것처럼 취급하니까 젊은이도 나이 든 사람도 모두 마른체격을 정상으로 여기는 것은 아닌가 걱정이 된다. 지나친 체중 조절이 젊은이들의 임신율을 저하시키고, 연세 드신 분들의 골다공증을 높이는 것은 아닌지 생각해본다.

탈모

성경에 털이 없는 사람으로 엘리야의 제자인 엘리사가 나온다. 엘리사를 대머리라 조롱하는 아이 42명을 암곰이 나타나 죽인 사건이 있다(열왕기하 2 : 23-24).

B.C. 12세기 이집트 왕 파라오 네르네타의 미이라에서 가발이 발견되었다고 한다. 성경에서 대머리인 사람은 엘리사 외에도 바울이 있다. 하나님께서 요나를 위해 박넝쿨을 준비하시고 없애니까 죽는 얘기를 할 정도로 뜨거워한 것을 보면 요나도 대머리였을 가능성이 있다(요나 4 : 6-8).

탈모는 빠지는 머리카락이 하루에 100개를 넘으면 탈모를 의심할 수 있다. 스트레스를 많이 받을 때 갑자기 비듬이 많이 생기고 두피가 가렵다면 탈모의 초기증상을 의심해 보아야한다. 이럴 때는 흡연을 삼가며 아연이나 비타민 C, E가 든 영양제를 먹고, 샴푸를 할 때는 가능한 두피에 손상이 없는 것으로 사용해 너무 자주 감지 않는 것이 좋고, 린스는 필요할 때만 사용하는 것이 좋다. 드라이기를 쓸 때는 약 20센티미터 이상 떨어진 거리에서 사용하며,

한 부분만 너무 오래 열을 가하는 것은 좋지 않다. 모발의 주성분은 단백질이므로 고열에 약하기 때문이다. 탈모를 자연에 비유하면, 흙으로 만든 우리 몸인 화분에 심어둔 풀이 마르는 것과 같이 머리카락이 말라 잘 빠지고 심하면 영양공급이 되지 않아 죽는 것을 의미한다.

두발은 일생동안 계속 자라는 것이 아니고, 성장기 → 퇴행기 → 휴지기를 거쳐 수명이 다하면 자라지 않다가 어느 순간 빠지고, 6개월 이내에 새로운 머리털의 뿌리가 그 자리를 메운다. 한 올의 평균수명은 2년 반이며, 그 중에는 25년 걸리는 것도 있다. 머리카락은 10만 개 정도이며 이 중 80~90퍼센트가 성장기 모毛로 되어있다.

탈모의 원인은 남녀가 약간 차이가 난다. 남자의 경우는 호르몬과 노화가 큰 요인이며, 유전성 탈모는 가능한 빨리 해결 방법을 찾아야 한다. 그 외 탈모의 원인은 혈액순환이 저하되거나, 큰 병을 앓고 난 후 수술, 피부병, 갑작스런 체중 감량, 철분 결핍, 당뇨병에서 올 수 있고, 임신, 영양결핍, 항암요법 시에도 온다. 특히 원형탈모증은 원인이 불분명하지만 스트레스가 원인일 경우가 많다. 매연, 대기오염, 산성비, 자외선으로 오존층 파괴 등으로 날로 탈모증을 가진 사람들이 늘어만 간다. 견인성 탈모증이라 하여 머리핀이나 끈을 이용해 지속적으로 머리를 잡아당기는 경우에도 탈모가 일어날 수 있다. 탈모 환자는 컴퓨터 노출을 가능한 줄이고, 균형 있는 식사를 할 것이며, 너무 맵게 먹지 않는 것이 좋다. 생활습관은 머리카락 길이는 가능한 짧게 하고, 염색과 파마는 너무 자주 하지 않는 것이 좋다. 머리를 감을 때는 미지근한 물로 하고 헹굴 때에는 반드시 시원한 물로 마감한다.

08 스트레스 해소 방법

빌립보서 4장 6-7절

아무것도 염려하지 말고 다만 모든 일에 기도와 간구로,
너희 구할 것을 감사함으로 하나님께 아뢰라
그리하면 모든 지각에 뛰어난 하나님의 평강이
그리스도 예수 안에서 너희 마음과 생각을 지키시리라

스트레스 해소 방법에 관해 성경만큼 자세하게 나와 있는 책이 있는지는 모르지만 성경 여기저기에 스트레스 해소를 위한 사랑의 메시지를 발견하게 된다. 스트레스의 원인과 증상을 알았으니 치료방법은 구체적으로 나온다. 즉, 스트레스를 일으킨 원인을 찾아 문제를 해결하는 것이다. 여기에는 여러 가지 방법이 있지만 자기에게 맞는 극복 방법을 찾는 것이 중요하다. 옛날 우리 어머니들은 시어머니에게 야단을 맞거나 남편에게 분풀이를 할 수 없는 억울함을 방망이 두 개로 집에서 다듬이질 하면서, 혹은 개울가에서 여인네들끼리 수다를 떨면서, 이불 호청도 두드려 빨면서

해소했다고 한다. 같은 재료로 만들었어도 얼굴이 다르고, 지문이 다르듯이 체질이 다 다르기 때문에 해소방법도 다 다르다. 스트레스는 예수님에게 의존적일수록 잘 이긴다. 그러나 사람에게 지나치게 의존적이거나 유아독존적인 사람은 스트레스에 대해 효과적으로 대응하는 힘이 약하다.

무거운 스트레스일수록 빨리 예수님의 십자가 앞에 내려놓아야 한다. 해소되지 않은 스트레스는 우울증, 심장질환, 고혈압, 협심증 등을 일으킬 수 있는 원인이 된다. 미국의 유명한 Robert Schuller 목사님의 설교에서 스트레스 해소법은 영어로 'STRESS'라고 했다. 즉,

- Spiritual power(영적인 힘)
- Think positively(긍정적인 사고)
- Rest(휴식)
- Exercise(운동)
- Seek good things you can do(할 수 있는 좋은 일을 찾아라)
- Scripture(성경)

의 첫 글자를 딴 것이다.

자족하는 마음

스트레스 해소 방법 중에서 가장 필요한 것이 자족하는 마음이 아닌가 한다. 이방인의 사도인 사도바울이 로마의 지하 감방에서 감옥 밖의 빌립보 교회에 보내는 편지인 빌립보서는 감사와 기쁨의 편지다.

"내가 궁핍하므로 말하는 것이 아니니라 어떠한 형편에든지 내가 자족하기를 배웠노니 나는 비천에 처할 줄도 알고 풍부에 처할 줄도 알아 모든 일 곧 배부름과 배고픔과 풍부와 궁핍에도 처할 줄 아는 일체의 비결을 배웠노라 내게 능력 주시는 자 안에서 내가 모든 것을 할 수 있느니라"

빌 4 : 11-13

영육 간에 만족하면 찬양이 나올 것이다. 인생의 목표를 현실적으로 세워 '조금만 더' 하는 마음을 버리며 하나님을 사랑하고 이웃을 사랑하는 신앙생활을 한다. 샤틸로 박사는 암투병기에서 '어쩌면 내가 암에 걸린 근본적인 원인은 조금만 더, 조금만 더 하는 과욕이었는지도 모른다' 고 적고 있다. 어느 모임에서 퀴즈를 냈다. '세계에서 최고 부자의 모토는 무엇인가?' 하는 것이다. 답은 '조금만 더' 있으면 한다는 것이다. 욕심은 끝이 없다. 말은 욕심

그까짓 것 버리면 된다고 하지만 보고 듣는 것이 모두 욕심을 자극하는 말이다. 욕심을 가질 때 사탄은 우리를 유혹하여 죽음으로 몰아넣는다. 세상에는 만족이 없다. 눈으로 보는 것으로는 더 좋은 것에 상한선이 없다. 옛말에도 '말 타면 종 부리고 싶다"고 하지 않던가? 입속에 먹을 것을 가득 넣고도 더 먹을 것을 찾다가 피 속에 기름이 넘쳐나는 고지혈증, 당뇨병, 비만, 순환기계 질환 등이 올 수 있고 그로 인해 생명의 위험을 받을 수 있다.

사람들의 수명이 늘어나자 인생도 이모작 시대를 맞아 다들 재테크는 어떻게 할 것인지에 관심이 많다. 인생의 새로운 모를 심을 때는 후회하지 않도록 열심히 예수님을 사랑하며 어려운 이웃을 향해 눈을 크게 뜨고 다가가야할 것이다. 인생이란 그렇게 길지도 않고 짧지도 않다. 누군가 그랬다. 오늘은 어제 죽어간 사람들이 살고 싶어했던 그날이다. 오늘을 최후같이 살고, 오늘을 회개한 후 다시는 얼룩지지 않을 각오로 최초의 날처럼 새롭게 살아야 할 것이다. 식욕도 줄이고, 성욕도 줄이고, 명예욕도 줄이면 보기에 아름다운 몸매, 건강한 피부, 기쁨이 넘쳐나는 얼굴이 된다.

> "그러나 먹을 것이 아직도 입 속에 있는데도, 그들은 더 먹으려는 욕망을 버리지 않았다" 시편 78 : 30, 표준새번역

우리가 맛있는 음식을 배불리 먹고 나면 저절로 콧노래를 흥얼

거린다. 그러나 그것도 잠시다. 오직 영혼이 만족한 기쁨이 있어야 참으로 만족해지고 주님을 찬양하는 참 만족이 있게 된다.

> "기름지고 맛깔진 음식을 배불리 먹은 듯이 내 영혼이 만족하니, 내가 기쁨에 가득 찬 입술로 주님을 찬양하렵니다" 시편 63 : 5, 표준새번역

용혜원 시인의 시 '날마다 버리며 살게 하소서'를 읽어보자

날마다 청소하고 쓰레기를 버리듯이 날마다 욕심을 버리게 하소서. 날마다 죄악, 거짓, 욕망, 절망, 의심, 비난, 낙심, 미움, 시기, 질투, 교만을 버리게 하소서. 날마다 기도하며 주의 거룩하심을 닮아가게 하소서.

정면대결

스트레스는 피하지 말고 정면 대결해야 풀린다. 즉, 스트레스를 피할 수 없다면 스트레스를 조절handling하도록 하는 것이 낫다. 고3 수험생이 입시로 걱정하고 고민하는 시간에 수학 공식하나라도 더 외우면 스트레스를 덜 받을 것인데, 공부는 안하고 걱정만 한다면 시험을 망치게 된다. 지금은 집에서 세 끼를 모두 해먹지 않는 집이 늘어나 모르지만, 불과 몇 년 전만 해도 주부들의 스트레

스 중 하나는 저녁 반찬 걱정이었다. 그래서 할 수 없이 상담실에 요리책을 잔뜩 비치해 놓고, 식구들의 건강상태에 따라 가족의 취향에 따라 요리를 만드는 법을 가르친 적이 있었다.

내가 매우 아끼는 청년이 있다. 고3 때 전교 학생회장을 지냈고, 공부도 잘하고 부모에게 효도하고 친구 관계도 원만한 학생이었다. 그런데 중간고사 성적이 떨어진 후 기가 팍 죽어있었는데 어느 날 본인 스스로 머리를 삭발하고 다시 시작하는 마음으로 더욱 열심히 공부하더니 좋은 결과가 나타났다. 정면 돌파하는 용기도 멋있었고 스트레스를 헤쳐나가는 방법도 학생다워서 보기에 아름다웠다.

고난

경우에 따라서는 고난도 스트레스를 치료하는 좋은 약이다. 음양오행의 금극목金克木의 원리에 의하면 너무 슬픈 일金은 분노木를 가라앉히는 것이다.

고난 당한 것이 내게 유익이라 이로 말미암아 내가 주의 율례들을 배우게 되었나이다. 시편 119 : 71

죄가 있어 매를 맞고 참으면 무슨 칭찬이 있으리요 그러나 선을 행함으

로 고난을 받고 참으면 이는 하나님 앞에 아름다우니라 베드로전서 2 : 20

"다만 이뿐 아니라 우리가 환난 중에도 즐거워하나니 이는 환난은 인내를 인내는 연단을 연단은 소망을 이루는 줄 앎이로다" 로마서 5 : 3-4

고통이 행복일 때도 있다. 하나님께서 하와에게 아기를 낳을 때 고통을 주셨지만 그 후손인 우리가 아기를 임신하여 낳고 키울 때의 행복은 해산의 고통에 비하면 설명할 수 없는 행복이다. 고난 자체를 좋아하고 즐기는 사람은 없지만, 옛말에도 젊어서 고생은 사서한다는 말이 있다. 진주조개가 모래알 하나를 감싸고 아픔을 견뎌내면 결국에는 아름다운 진주를 만들어낸다는 것을 우리는 익히 알고 있다. 고통의 증상을 성경에서는 눈이 쇠하여지고 내장이 끊어질 것 같다고 한다.

"곤란으로 말미암아 내 눈이 쇠하였나이다 여호와여 내가 매일 주를 부르며 주를 향하여 나의 두 손을 들었나이다" 시편 88 : 9

프랑스의 대문호 빅토르 위고의 명작 『레미제라블』은 그가 게르세유 섬에 추방되어 20년의 고난의 시절을 보낼 때 쓴 명작이라고 한다. 그리고 사도바울이 옥중에서 쓴 편지(에베소서, 빌립보서, 골로새서, 빌레몬서, 디모데후서)는 신약성경의 다수를 차지한다.

밤새 어둠을 헤치고 아침에 피는 나팔꽃처럼 어려운 환경을 딛고 일어선 사람들을 많이 본다. 그 중에 가장 고난을 겪으신 분은 우리 예수님이시다.(이사야 53 : 3, 마태복음 8 : 17) 우리가 행복할 때 이웃의 고난에 관심을 가져야 한다. 근사한 식사를 할 때는 먹지 못하는 자를 위한 헌금을 떼어놓거나, 예쁘고 값비싼 옷을 살 때는 헐벗은 이를 위한 옷값을 조금 챙겨두었다가 그들에게 옷을 사다주는 것도 좋겠다. 그리스도인들이 모여 영화를 볼 때는 영화값의 일부를 떼어 그 영화를 꼭 보여주고 싶은 이를 위한 영화표를 사다가 준다면 얼마나 좋을까 생각된다.

하나님은 다 아신다. 누구에게도 심지어 남편에게도 말하지 못하는 나의 마음 깊이 넣어둔 고통까지도 하나님은 다 아신다. 너무 억울해 하지 말자. 악인은 곧 사라질 것이다.

> "이는 그들이 풀같이 곧 베어질 것이며 푸른 나물같이 말라질 것임이라" 시편 37 : 2, 공동번역성서

우리 인생에서 기쁨의 순간보다 고통의 순간이 너무 많다고 느낄 수 있다. 그러나 고통은 하나님이 우리에게 주시는 테스트이며 이 테스트를 잘 마치면 큰 상급賞給이 기다릴 것이다.

> "이르시되 너희가 너희 하나님 나 여호와의 말을 들어 순종하고 내가 보기에 의를 행하며 내 계명에 귀를 기울이며 내 모든 규례를 지키면

내가 애굽 사람에게 내린 모든 질병 중 하나도 너희에게 내리지 아니하리니 나는 너희를 치료하는 여호와임이니라" 출애굽기 15 : 26

마른 땅을 밟고 홍해를 건넌 이스라엘 민족이 마라에서 물이 써서 마시지 못하게 되자, 하나님께서는 그들의 부르짖음을 듣고 쓴 물을 달게하여 마시게 해 주셨다. 하나님 아버지의 말씀을 청종하고 우리의 고통을 부르짖으면 어떤 스트레스에서 생긴 질병도 하나님은 치유해 주실 것이다.

세족식

교회 공동체에서 수련회에 가면 세족식을 많이 한다. 이때도 우리 몸의 상황을 알고 세족식을 하면 더욱 좋다. 발은 많은 뼈와 수많은 관절과 인대, 신경, 혈관이 복잡하게 조화를 이룬 인체 기관이며, 한 곳이라도 고장이 나면 몸 전체에 영향을 줄 수 있다. 발은 인체 기관 중에서 가장 아래에 위치하고 있고, 발바닥은 더욱 우리 몸의 맨 밑바닥에서 몸을 지탱하고 있다. 우리가 걸을 때 발은 우리 몸의 체중의 80퍼센트를 받아 1킬로미터를 걸을 때 약 16톤의 무게를 지탱한다고 한다.

발과 하지는 걸을 때 피를 심장 쪽으로 올려주는 작용을 하기 때문에 발을 제2의 심장이라고도 하며 전신의 혈액순환을 도와준다. 다른 장기보다 발이 불편하면 온 몸을 움직일 수가 없다. 사람이 일평생 동안 걷는 거리는 약 25만키로미터 정도로, 지구의 네 바퀴 반 정도 된다고 한다. 물론 자동차가 많아진 요즘은 사람들이 걷는 거리가 많이 줄어들고 있음은 사실이다.

발의 건강을 위해서는 걸어야한다. 그러나 무리하게 높은 산을 등산하고 와서 오히려 허리를 다쳐 고생할 정도면 안 된다. 가장 아름다운 발은 뭐니뭐니해도 복음 전하는 발이다.

"아름답도다 좋은 소식을 전하는 발이여 함과 같으니라" 로마서 10 : 15b

이런 발이 스트레스를 많이 받으면 발에 땀이 나고 냄새가 나고 무좀도 생긴다. 비만까지 겹치면 더욱 발은 무거운 우리 몸을 받쳐서 들고 다녀야 하니 고생이 이만저만 아니다. 발에 땀이 너무 많이 날 때는 하루 종일 수고한 발을 저녁에 만져주면 좋다. 그 날의 피로도 풀고 몸과 관련된 반사구를 만져주면 아팠던 곳이 시원해진다. 반사구를 따로 외우지 않더라고 발을 만지면서 스스로 과로한 부분과 내 몸의 안 좋은 반사구는 느낌이 온다. 그리고 무좀이 있는 곳에는 무좀약도 좀 발라주고 하루 종일 수고한 발을 사랑하고 만져주는 것이다.

세족식을 한 달에 한 번씩이라도 가족끼리나 부부끼리 하면 매우 좋다. 아내는 맛있는 저녁 식사를 홈메이드home-made로 손수 준비하여 식구들과 맛있게 먹는다. 발 맛사지를 할 때는 식후 바로 하면 위장장애가 오므로 저녁 식사 후 1시간쯤 있다가 피곤한 남편을 소파에 앉혀놓고 온 가족을 먹여 살리기 위해 하루 종일 스트레스에 시달린 남편께 감사의 말을 한다. 아내는 남편의 발바닥 전체를 주물러서 아기 발처럼 부드럽게 만들어주면 자연치유력도 올리고 좋다. 세족은 가족 간의 스트레스를 줄이고 식구들의 건강에 좋다. 예수님께서 최후의 만찬을 베푸시고, 제자들의 발을 씻으신 날인 세족의 날 Maundy Thursday이 목요일이니 목요일을 잡아도 좋다. 예수님은 다락방에서 제자들의 발을 씻어주시면서 "새 계명을 너희에게 주노니 서로 사랑하라"(요 13;34)라고 가르쳐 주셨다. 또 이날 고별사를 하신 후 밤 11시 경에 열 한 제자를 데리시고 겟세마네 동산으로 가셔서 구속성취를 위한 고뇌의 기도를 드리셨으니 이는 대제사장으로서의 중보기도였다. 이어 자정이 되자 가롯 유다의 가증스러운 입맞춤을 신호로 체포되셨다. 체포되시기 전에 사랑하는 제자들에게 발을 씻기신 예수님은 그냥 발을 씻기신 것이 아닐 것이다. 자신이 만든 사람들의 발의 구조를 다 아시고 발 맛사지를 해 주셨을 것이다. 제자들은 인류 최고의 발 맛사지를 받았을 것이다. 발을 씻기면서 우리는 예수님이 섬기려고 오신 이유를 알게 될 것이고 예수님을 닮아가는 자신의 모습에 행복을 느낄 수 있다.

시대가 발전하고 템포가 빨라지면서 히딩크처럼 아내도 '멀티플레이어론'의 효과를 나타낼 수 있도록 노력하여 다방면에 많이 알게 된다면 그 집 식구들도 건강하게 된다.

성생활

하나님의 창조사역에 쓰임 받는 가장 성스러운 성생활이 스트레스에 큰 도움을 준다는 것이 개인적인 의견이다. 갑자기 뚱뚱해졌다고 고민하는 여성들 중에는 남편의 바람기로 인한 성생활의 중단으로 인한 스트레스가 깔려 있을 때도 있다. 하나님의 인간 창조의 동기와 목적도 성생활이 없이는 불가능하다.

> "하나님이 자기 형상 곧 하나님의 형상대로 사람을 창조하시되 남자와 여자를 창조하시고 하나님이 그들에게 복을 주시며 그들에게 이르시되 생육하고 번성하여 땅에 충만하라, 땅을 정복하라, 바다의 물고기와 공중의 새와 땅에 움직이는 모든 생물을 다스리라 하시니라"
>
> 창세기 1 : 27-28

여기서 나오는 인간에게 주신 5가지의 동사 명령어 '생육하라, 번성하라, 충만하라, 정복하라, 다스리라'를 실천하기 위해서는 성생활이 없이는 불가능한 것이다.

당시 히브리 문화와 달리 하나님은 경건한 자손을 보기 위해 일부일처제의 바탕 위에 결혼하여 성聖스러운 성생활로 자녀를 낳게 하셨다.

> "그에게는 영이 충만하였으나 오직 하나를 만들지 아니하셨느냐 어찌하여 하나만 만드셨느냐 이는 경건한 자손을 얻고자 하심이니라 그러므로 네 심령을 삼가 지켜 어려서 맞이한 아내에게 거짓을 행하지 말지니라" 말라기 2 : 15

성생활은 인간이 느끼는 행복 중에서 가장 큰 원초적인 행복을 느낄 수 있는 것이기에 하나님께 더욱 감사를 드려야 한다. 이 과정을 통해 우리는 이 세상에 출세出世(날出, 세상世)하게 된 것이다. 엄마 자궁에 있을 때 우리는 그곳이 온 세상인 줄 알았을 것이다. 그러나 이 세상에 나와 보니 자궁 크기는 비교도 할 수 없는 엄청나게 크고 아름다운 세상이 있음을 보듯이, 아마 이 세상을 떠나가면 우리는 성경에서 읽었던 천국을 만날 것이다. 얼마나 좋을까? 생각만 해도 가슴이 뛰지 않는가! 그래도 우리는 이 아름다운 세상에 좀 더 머무르기 위해서 오늘도 열심히 건강을 돌보며 살아야 하는 분명한 사명이 있는 것이다.

미국의 스토이오마샨은 '예수님을 영접하는 결심 다음으로 중요한 것이 바로 결혼의 결정이다'고 했다. 이렇게 중요한 결심을 하고 하나님 앞에서 결혼을 하면 결혼 생활의 첫날밤부터 성생활을 시작한다. 부부의 백년해로가 아득한 꿈 이야기가 아니고 이제는 현실로 다가선 것임을 새롭게 깨닫고 성생활도 나이와 몸의 컨디션에 따라 부부가 사랑하는 마음으로 해야 한다. 잠언 5장 15절에서 18절을 통해 우리에게 성적인 도덕적 가이드 라인을 가르쳐 준다.

"너는 네 우물에서 물을 마시며 네 샘에서 흐르는 물을 마시라. 어찌하여 네 샘물을 집 밖으로 넘치게 하겠으며 네 도랑물을 거리로 흘러가게 하겠느냐. 그 물이 네게만 있게 하고 타인과 더불어 그것을 나누지 말라 네 샘으로 복福되게 하라 네가 젊어서 취한 아내를 즐거워하라" 잠언 5 : 15-18

여기서 물은 은유적으로 사용하여 부부의 성관계에서 나타나는 만족을 표현한다. 말씀은 결혼이라는 테두리 바깥에서 사랑에 대한 갈증을 충족시키는 부적절한 성관계를 탐하지 말라고 권고한다.

"아내가 자기 몸을 주장하지 못하고 오직 그 남편이 하며 남편도 이와 같이 자기 몸을 주장하지 못하고 오직 그 아내가 하나니"

고린도전서 7 : 4

아내가 성적불만이 너무 많이 쌓여 집 밖으로 나가게 하지 말게 하며, 부부에게 서로 자기 몸을 주장하지 말라고 성경은 말한다.

영적 의사인 사도바울도 "서로 분방하지 말라 다만 기도할 틈을 얻기 위하여 합의상 얼마 동안은 하되 다시 합하라 이는 너희가 절제 못함으로 말미암아 사탄이 너희를 시험하지 못하게 하려 함이라"(고전7 : 5)고 말하고 있으며 기도도 두 사람이 함께 합심하여 하면 더욱 좋다고 마18 : 19에서 예수님은 말씀하신다.

통계에 따르면 단일한 상대방과 건전한 성생활을 하면 1.6~8년 젊어진다고 한다. 일부일처제의 성경적 문화는 건강하고 젊게 사는 비법이 구석구석에 많이 들어있다.

"모든 사람은 결혼을 귀히 여기고 침소를 더럽히지 않게 하라 음행하는 자들과 간음하는 자들을 하나님이 심판하시리라" 히브리서 13 : 4

부부만의 성생활이 중요하다. 기독교 강요에서 존 칼빈은 '결혼 이외의 모든 결합은 저주 받은 것이다' 라고 쓰고 있다. 부부 간의 성생활은 수학적 공식으로 보면 '1+1=1' 이다.

"이러므로 남자가 부모를 떠나 그 아내와 합하여 둘이 한 몸을 이룰지로다" 창세기 2 : 24

이때 한 몸의 몸은 꼭 육체적인 결합이 포함된다. 여기 몸이란 단어('바사르')는 살flesh('살을 쉬는다')이며, 헬라어로 '사르크스'이며, 사도신경이 말하는 다시 사는 '몸'(소마)과는 의미가 다르다.

하나님이 맺어주신 부부의 성관계는 낙원(에덴동산)이다. 실제로 어떤 육체적인 기쁨이 정상적인 부부의 오르가즘만 하겠는가? 늙은 사라가 늙은 아브람과의 사는 관계를 "내게 무슨 낙(=즐거움)이 있으리요"(창세기18 : 12)라고 할 때의 즐거움은 '에덴'이라는 히브리어 어원의 뜻이며 히브리어 '에덴동산'이 신약의 헬라어로 번역하면 '낙원'(파라데이소스)paradise이다.

부부 간의 성관계는 삶의 활력소다. 부부생활이 원만치 못한 남자들은 바깥 일도 잘 안 될 수 있다. 새벽에 발기하지 않는 남자에게는 돈도 꾸어 주지 말라고 했다. 부부간의 성관계는 하나님 면전에서 가장 아름다운 사랑의 행위이다.

"아담과 그의 아내 두 사람이 벌거벗었으나 부끄러워하지 아니하니라" 창세기 2 : 25

낮에는 요조숙녀, 밤에는 요부가 되어야 한다. 인간은 흥분된 정욕 앞에서는 비무장 상태에 있다. 최근 여름 옷의 트렌드가 겉옷을 속옷처럼 입는다고 한다. 길가다 보면 속치마같은 겉옷을 입은 여성이 있다. 교회, 회사 등 남녀가 많은 시간을 함께 지내는 환경에서는 내 남편이 아닌 남자 앞에서는 옷매무새, 행동거지를 조심하여 함께 죄짓는 일을 금해야 한다. 부부간의 성생활은 비정상적인 오르가즘Orgasms의 말들에 유혹을 받지 말고 두 사람만의 행복한 성생활을 해야 한다. 또한 정력에 좋다는 음식들의 허상에도 따라다니지 말아야 한다. 그리스도인들은 현숙한 여인 룻처럼 순결한 성생활을 해야 한다.

건강한 성생활은 뇌졸중 예방을 한다는 결과도 나왔다. 사랑은 장수의 요인이다. 부부간에는 적극적인 성생활과 적극적인 사랑으로 서로 사랑받는 관계가 되어야 한다. 그러나 나이에 맞추어 서로의 컨디션을 배려하는 것이 건강에 더욱 좋다. "남자가 그 아내와 한 몸이 되는 것이다."에서 '한 몸'은 구약성경에서 단 한번 표현된 것으로, 부부가 성적으로 하나가 됨은 물론이요, 더 나아가 삶의 모든 영역에서의 '공유와 상호신뢰'를 의미한다. 결혼생활이란 환갑과 진갑이 지나가도 늘 신혼부부와 같은 신비함을 유지하는 것이 성생활의 짜릿한 맛보다 더욱 중요하다.

여자는 마음이 여리고 자신의 스트레스를 내놓고 위로 받으려고 하므로 남편들은 기회가 되는 대로 아내들을 안아주는 것이 좋다. 미국 친구들의 남편들을 보면 큰 의미 없이도 사람이 보건 안 보건 아내를 쓰다듬어 주고 키스해 준다. 그럼에도 여자는 강하며 엄마의 가슴은 세계를 품을 수 있다. 여성이 임신, 출산, 육아를 통해 희생을 하며, 스트레스에 처할수록 가족을 더욱 사랑하는 것은 옥시토신 때문이라고 한다. 이 호르몬은 뇌하수체 후엽에 저장되었다가 필요시 분비되는 사랑의 호르몬이며 자궁수축 작용이 있고 오르가즘에도 관여한다. 사랑이 여성 장수의 한 원인이라는 사실이 밝혀졌다.

긍정적인 태도

우리가 부정적이고, 소극적이고, 거부하는 마음을 가지면 좋은 결과가 일어날 수 없다. 날고 기는 교수의 강의도 부정적인 마음으로 듣는다면 자기 것으로 써먹지 못한다. 긍정적인 생각으로 바꾸어야 한다. 평소에 우울증세가 있는 사람은 티라민Tyramine이 많이 함유된 효모, 청어, 포도주, 바나나, 맥주, 치즈, 소와 닭의 간, 등을 먹어 본다. 반대로 과흥분 상태일 때는 이런 음식을 멀리해야 한다. 일본 속담에 '마마자국도 보조개' 라는 말이 있다. 무엇이든 좋은 쪽으로 생각하면 결점도 장점이 된다는, 즉 사랑하면 결점도 장점으로 보인다. 성경에는 '염려하지 말라, 근심하지 말라' 가 365번 나온다고 한다. 이는 1년 내내 걱정하지 말고 살라는 말씀이다. 우리 마음속에 '조그마한 천국' 을 이루고 우리 가정에 '조그마한 천국' 을 이루고, 우리나라와 전 세계가 낙원이 되는데도 '나' 에서 출발한다.

근심에는 좋은 근심과 나쁜 근심이 있다.

"하나님의 뜻대로 하는 근심은 후회할 것이 없는 구원에 이르게 하는 회개를 이루는 것이요 세상 근심은 사망을 이루는 것이니라"

고린도후서 7 : 10

근심하고 걱정하면 바로 사망에 이른다. 이는 영적인 생명을 잃을 뿐 아니라 육적인 생명마저도 빼앗기고 만다.

"마음의 즐거움은 양약이라도 심령의 근심은 뼈로 마르게 하느니라"

잠언 17 : 22

속이는 사탄은 항상 거짓말로 우리를 걱정과 근심에 싸이게 하지만 이제 우린 진리로 대적해야 한다. 인생을 너무 심각하게 생각지 말고 모든 일에 여유를 가지자. 일본에 살 때 약 48개 국 사람들과 함께 교회생활을 한 적이 있었다. 수련회를 갔는데, 집을 그리는 프로그램이 있었다. 어떤 사람은 집을 그릴 때 지붕부터 그려놓고 그리니까 금새 초가집인지 기와집인지 안다. 그리고 기둥을 세우고 기초공사를 한다. 또 어떤 사람은 진짜 집 짓듯이 아래에서 기초공사를 해서 그려 넣고 맨 나중에 지붕이 얹어지고 나서야 어떤 집인 줄 알 만큼 기초를 튼튼히 세운다. 사는 방법이 나라마다, 가정마다, 개인마다, 다 다르다. 그러나 사고는 긍적적으로 하고, 실력은 탄탄히 하여, 기초공사를 충분히 다지고 있다가 하나님께서 우리에게 일을 맡기실 때 '주여 제가 여기 있나이다' 하고 지붕을 그려 완성시킬 수 있도록 준비해야 한다. 날마다 하나님과 나만이 아는 그 날의 죄를 자기 전에 다 토설하고 편안한 밤을 맞이하자.

일과 노동

일은 생산성과 성취감을 준다. 취직하기가 하늘의 별따기처럼 어렵다는 요즘이다. 화가 나면 밤을 새워 장롱을 정리하고 집안의 모든 청소를 하는 여성이 있다. 매일 아프고 기운이 없다고 하면서 집안일을 깨끗이 하고 정리 정돈을 하고 나면 개운하단다. 노동은 때로는 스트레스를 날린다. 노동 중에 가장 큰 노동이라고 생각되는 분만을 보자. 노동의 영어 단어인 'labor'는 '분만'이란 뜻도 있다. 아기를 분만할 때는 다시는 아기를 낳지 않겠다는 사람들도 또 임신을 하고 아기를 낳는다. 분만은 노동 중 가장 행복한 노동임에 틀림없다. 하나님이 주신 벌 중에 가장 힘들고 또 가장 고마운, 여성에게만 내려주신 특권인 분만은 행복 그 자체다(창세기 1 : 28). 여기서 말씀하시는 근로 명령인 '생육하고 번성하여 땅에 충만하라' 는 출산의 노동을 위한 근로명령(출산 : 영어로 labor)을 수행하는 중이다. 따라서 개인적으로 교회에서 가장 중요한 부서가 신혼부부 부서라고 생각하며, 출산은 확실한 전도, 확실한 제자양육이며, 인구가 줄어드는 우리나라의 현실에서 인구증가에 기여하며, 하나님의 백성들을 전도하여 예수 그리스도의 몸을 만들어 가는데 이보다 더 좋은 방법은 없을 것이다. 또한 한 생명이 수정되는 순간부터 태교를 통하여 제자를 훈련시켜 그리스도와의 연합을 통한 성화의 단계로 이끌 수 있는 가장 좋은 방법이다. 그리하여 예수 그리스도의 몸인 성전으로 교회 공동체가 든든히 서게 되는 것이다. 죄의 벌로 받은 힘든 노동을 통해 성스럽게 출산한 나의 아이가 예수님을 닮아가며 하나님께 순종하는 삶을 살아가도록 계속 키워간다는 것은 얼마나 가슴 뛰는 노동인가! 아기를 많이 낳자. 그리고 제자를 양육하자. 태교를 통해 확실한 제자를 양육하자.

일과 노동은 우리로 하여금 사회적인 소속감과 영적인 소속감을 준다. 아무리 돈이 많아도 가만히 혼자 지낸다거나 놀러 다니는 모임에만 들어가 있다면 지루해진다. 일을 할 때는 내가 행복한 일을 함께 협동하며 하는 것이 더 좋다. '백지장도 맞들면 낫다' 는 속담처럼 심각한 스트레스 상황에 부딪쳤을 때 평소 인맥관리를 해 놓아서 친구, 선후배, 동료, 교회 식구들과 마음을 털어놓고 의논해야 한다. 어차피 사람은 혼자서 살 수 없는 사회적 동물이다. 특히 인생에서 가장 많은 시간을 보내는 가족과 함께 단란한 시간을 가지며, 여행을 하고 자연과 접하는 기회를 많이 갖는 것도 좋지만 집안일을 나누어 한다거나 봉사활동을 가는 것도 좋다. 그리고 모든 일을 다 책임지려 하지 말자. 사소한 일에서부터 중요한 일에 이르기까지 모두 다 스스로 해결하려 한다면 몸이 열개라도 부족하다. 가장 중요한 일은 하나님께 기도하며 일의 중요성에 순서를 부여하자.

주여, 우리로 하여금 땀 흘리는 중노동의 기도를 하나님께 올리게 하옵소서!

웃음 배우기

아무나 웃을 수 있지만 웃을 줄 모르는 사람도 많다. 그래서 웃음을 배우러 가는 사람도 있다. 또 웃기 위해 모임을 하는 경우도 있다. 스트레스로 가슴에 무거운 것이 짓누를 때 웃을 일이 생기면 잊어버리게 된다. 웃음은 각성물질인 도파민의 분비를 촉진하여 기분을 상쾌하게 하며, 횡격막 상하운동으로 내장의 혈액의 움직임을 좋게 한다. 웃음은 내장의 달음박질이다Laugh is internal jogging라고 한다. 우리가 웃으면 내장도 웃는다. 너무 스트레스 받지 말고 너무 심각하게 생각하지 말고 웃으면서 살자. 하! 하! 하! 소리 내어 웃으면 이산화탄소를 많이 배출하고 산소를 많이 흡수하게 된다.

미소 띤 얼굴은 그리스도인의 트레이드마크trademark가 되어야 한다. "항상 기뻐하라"(데살로니가전서 5 : 16). 일소일소야一笑一少也, 한번 웃으면 한번 젊어진다고 하며, 만병 최고의 약은 웃음이라고 한다. 한번의 웃음은 5분의 에어로빅과 유사한 효과가 있고, 1분을 웃으면 10분의 운동효과가 있으며, 15초 동안 크게 웃으면 수명을 2일간 연장한다고 한다. 하나님을 잘 믿는 유대인들은 특별히 웃지 말아야 될 성전이 파괴된 날이라든가 하는 날을 제외하고는 웃는 것이 습관화되어 있다고 한다. 웃을 때는 하! 하! 하! 웃어보자. 하늘은 더욱 푸르고, 세상은 더욱 아름답게 느껴진다. 웃을 일이 없으면 코미디 영화를 보거나 잘 웃기는 사람을 만나거나 보기만 해도 웃음이 절로 나는 좋은 사람을 만나자. 이것이 치유이다.

몇 년 전 영국에서 발표된 한 통계 자료에 따르면 어린이들은 하루에 4백 번 정도 웃는다고 한다. 이런 아이가 자라 어른이 되면 하루 6번 정도 웃는다고 한다. 나이가 든다는 것은 웃음을 잃어버리는 것인가 보다. '웃음 요법Laughing Therapy' 이 유행한 적이 있었다. 우리나라 코미디 프로에 '웃으면 복이 와요' 프로도 있었다. 심리학자인 로버트 홀덱Robert Holdec씨가 개발한 '웃음 요법' 도 많이 알려져 있다. 그의 말에 따르면 웃는 동안에는 마음이 편하고, 또 하나는 웃음은 실제로 건강에 도움이 된다는 것이다. 행복해서 웃는 게 아니라 웃다 보면 저절로 행복해진다. 웃으며 살자!

'…하는 삶' 이라는 글들이 유행한 적이 있었다. 누가 지었는지 모르지만 〈웃으면서 사는 삶〉이란 글이 있다. 월요일은 원래 웃고, 화요일은 환하게 웃고, 수요일은 수수하게 웃고, 목요일은 목청껏 웃고, 금요일은 금방 웃고 또 웃고, 토요일은 토실토실하게 웃고… 얼마나 좋은가. 우리 매일 가슴이 찡하도록 웃으면서 스트레스를 날리자.

울음

내가 아는 80세가 훨씬 넘은 신앙이 좋으신 권사님은 머리카락도 많이 희지 않고 눈도 안경이나 렌즈를 끼지 않고 성경을 보신다. 그래서 물었더니 기도하면서 뜨거운 눈물을 많이 흘리면 눈이 나빠지지 않는다고 하신다. 권사님은 10일 금식해 보았는데 3일 금식 후에는 오히려 눈이 좋아져 사물이 잘 보이는 것을 체험하셨다고 한다. 현대인은 눈물이 메마른 시대에 살고 있다. 그래서 수년 전부터 인공으로 만든 눈물이 불티나게 팔리고 있다.

스트레스를 날리는 데는 우는 것이 참 좋다. 하나님의 사람들은 눈물의 사람들이었고, 하나님은 눈물의 기도를 들어주신다. 다윗이 그랬고 바울, 예레미야, 한나, 많은 사람들이 눈물로 하나님의 마음을 움직였다. 예수님도 우셨다. 예수님의 생애는 눈물 그 자체였을 것이다. 예수님은 성경에 따르면 지상사역 기간 중 딱 세 번 왕의 눈물을 흘리셨다. 한번은 향유를 붓던 마리아의 오라비인 나사로의 죽음 앞에서 그의 여동생 마리아와 함께 온 유대인들이 우는 것을 보시고 예수님도 함께 우시고 무덤에서 4일된 나사로를 살리셨다(요한복음 11 : 32-35).

예수님은 우는 자와 함께 우셨다. 아들이 대학입시에 떨어져 우는 집사님을 위로하러 가거나 억울한 일을 당해서 울고 계시는 성도의 집에 가서는 아무 말도 하지 않고 함께 울어 주는 것이 가장 좋은 위로일 수 있다. 위로를 하러 가서 오히려 속상한 이웃의 가슴에 불을 지르는 말을 하는 과오를 범할 수 있다. 아이가 원하던 대학에 떨어져 속상해 있는 가정에 위로하러 간 사람이 자기 아이는 공부도 별로 하지 않았는데 그래도 서울에 있는 대학에 붙었다고 자랑을 늘어놓음으로 아픈 가슴을 후비는 것에 대한 하소연을 듣는 경우가 있다.

두 번째 예수님의 눈물은 패역의 도성인 예루살렘 성이 적군의 군화에 짓밟혀 망할 것을 예견하시고 사랑하는 조국 예루살렘을 위하여 우셨던 것이다.

"가까이 오사 성을 보시고 우시며" 누가복음 19 : 41

세 번째는 육체에 계실 때에, 특별히 십자가에 달리시기위해 잡히시던 밤에 겟세마네 동산의 기도에서 자기를 죽음에서 능히 구원하실 이에게 심한 통곡과 눈물로 간구와 소원을 올리셨다.

"그는 육체에 계실 때에 자기를 죽음에서 능히 구원하실 이에게 심한 통곡과 눈물로 간구와 소원을 올렸고 그의 경외하심을 말미암아 들으심을 얻었느니라" 히브리서 5 : 7, 참조 누가복음 22 : 44

눈물은 하나님의 마음도 약하게 만든다. 눈물은 울 때만 나오는 것이 아니고, 항상 나오며, 그 양은 1일 20방울 정도이다. 울 때 콧물이 나오는 것은 눈과 코가 연결되어 있기 때문이다.

예수님도 "이에 말씀하시되 내 마음이 매우 고민하여 죽게 되었으니 너희는 여기 머물러 나와 함께 깨어 있으라 하시고 조금 나아가사 얼굴을 땅에 대시고 기도하여 이르시되 내 아버지여 만일 할 만하시거든 이 잔을 내게서 지나가게 하옵소서 그러나 나의 원대로 마옵시고 아버지의 원대로 하옵소서 하시고"(마태복음 26 : 37-39)라고 감정을 솔직하게 표현하셨다. 감정을 숨기기보다는 스트레스를 받았을 때 솔직히 표현하는 것이 스트레스를 해소해서 병으로 연결시키지 않는다. 나의 슬픔을 울면서 하나님께 아뢰고 고난당하는 자와는 함께 울어줌으로, 우리 모두의 스트레스를 풀어보자(로마서 12 : 15).

하나님 면전에서의 스트레스를 눈물로 해결받은 사람이 많지만 내 생각에는 눈물의 양으로 따지면 가장 많은 눈물을 흘린 사람은 아마 다윗일 것이다. 이스라엘의 두 번째 왕 다윗은 자신의 죄를 회개하면서 눈물로 침상을 띄우고 요를 적셨다고 한다. 그래서 그는 위대한 시인이지 않았나 생각한다. 가까운 사람에게 당한 억울함으로 눈물로 베갯잇을 적셔본 적은 있어도 얼마나 울어야 침상이 다 뜰 정도인가 생각해본다면, 다윗처럼 죄를 깊이 회개한 사람이 역사상에 또 있었을까?

"내가 탄식함으로 피곤하여 밤마다 눈물로 내 침상을 띄우며 내 요를 적시나이다" 시편 6 : 6

사도 바울도 많이 울었음을 본다. 그의 스트레스는 자신을 위해 받은 스트레스가 아니고 이웃을 위한 사랑의 스트레스였다.

"그러므로 여러분이 일깨어 내가 삼 년이나 밤낮 쉬지 않고 눈물로 각 사람을 훈계하던 것을 기억하라" 사도행전 20 : 31

탈무드에 '사람들은 비누로 몸을 씻고 눈물로 마음을 씻는다'는 말이 나온다. 실컷 울고 나면 사우나 한 후의 기분처럼 마음이 후련하고 맑아진다. 한때 일본에서 '나꼬요'(울자는 뜻)운동이 있었다고 한다. 스트레스가 잔뜩 쌓일 때 그대로 두지 말고 울어서 푸는 것도 한 방법일 것이다. 나는 눈물이 많아 연속극만 보아도 눈물을 철철 흘리면서 울어 놀림을 받았다. 그런데 요즈음은 눈물이 귀해졌다. 내 마음이 독해진 것인지 스트레스를 적게 받는 것인지도 모르겠다. 하나님 앞에 자신을 돌아보는 겸손함이 적어졌기 때문인 것 같다. 울자! 그래서 가슴에 가득한 화는 풀어버리고 아랫배에서 끓어오르는 욕심은 하나님께 용서를 구하자.

2006년 9월 비오는 오후에 한 여자분이 아이들을 데리고 왔다. 친정 부모님을 모시고 사는데 친정아버지에 대한 속상함과 두 아이를 기르는 데서 오는 육체적인 고통이 34살 된 여자에게는 너무 힘들었나보다. 그는 들어오자마자 갈 때까지 1시간 30분 동안 계속 울었다. 함께 온 친정어머님이 아이들을 데리고 차에 가 있을 동안 말한다 "죄송해요 저는 집에서는 안 울어도, 아니 못 울어요. 근데 선생님을 보니 저를 이해해 줄 것 같아 자꾸만 눈물이 나요." 하며 한 없이 한 없이 눈물을 철철 흘린다. 나는 말했다. "맘껏 우세요. 그리고 식구들의 중심에 있는 엄마가 건강해야 하니까 주 1회 쯤 '자기 중심주의 세대(me generation)' 처럼 자신만 생각할 시간을 가지세요."라고 권했다. 그리고 "당신은 지금 이 시간 주님으로부터 많이 치유받고 있습니다."라고 말했다. 그렇다. 가끔은 눈물만 흘려도 치유가 일어난다.

대체요법

현재 행해지고 있는 대체요법만 해도 수백 가지는 될 것이다. 무엇이든지 요법이란 것을 붙여 상품화되고 있는 것이 아닌가 생각될 정도다. 그 중에 경건요법, 관광요법, 광선요법, 원예요법, 칼라요법, 그림요법, 향기요법, 춤요법, 운동요법, 오락치료, 물요법 등 도움이 되는 것도 있다. 그러나 모든 대체요법이 좋은 것은 아니며 검증되지 않은 것도 많다. 경우에 따라서는 몸을 버리고 오히려 재물만 축내는 경우도 있다.

특히 아로마테라피는 집에서 응용하기 좋다. 특히 학생들이 공부를 하다가 머리 아프다고 하면 들국화 한 묶음 사다가 물을 붓지 말고 거실에 그냥 꽂아 두는 것만으로도 아로마테라피다. 하나님께서 주신 자연을 잘 이용하면 큰돈 들이지 않고도 맘껏 이용할 수 있다. 꽃을 키우고 사는 사람의 뇌에는 알파파가 생긴다. 진달래 꽃, 장미 꽃잎은 우리 몸이 산화되는 것을 막아준다.

스트레스를 심하게 받았을 때 솔잎 목욕을 권한다. 솔잎을 베보자기에 싸서 위를 단단히 묶어 욕조에 담가 우러낸 물은 혈액순환을 원활하게 하고, 피부가 매끄러워진다. 그러면 내장의 기운이 편안해져서 스트레스에도 좋고 피로회복에도 좋다.

과수원의 과일도 음악을 틀어주면 스트레스가 해소되어 맛이 있다고 해서 아는 분의 배 밭에 갔더니 하루 종일 음악을 틀어주고 있었다. 주스 요법juice therapy은 스트레스에 많이 이용되는 방법이다.

한의학에서 보는 오장육부는 오장인 심장, 간장, 비장, 폐, 신장과 육부인 소장, 담낭, 위, 대장, 방광, 삼초三焦를 가리킨다. 하나님은 이 세상을 그냥 만드신 것이 아니다. 성부, 성자, 성령 하나님께서 의논하셔서 디자인하시고 창조하셨기 때문에 그것이 그곳에 그 모양으로 놓여야할 이유가 다 있다고 생각된다.

"태초에 하나님이 천지를 창조하시니라" 창세기 1 : 1

모든 대체요법은 하나님께서 창조하신 것을 우리가 잘 누리는 것이다.

칼라테라피도 집에서 이용하면 좋다. 온통 빨강 벽지로 꾸민 방에서 지내는 아이와 하얀 벽지로 꾸민 방에서 지내는 아이들의 모습을 비교하며 상상해 보자. 식구들의 건강 상태에 따라 상 위에 올리는 음식의 색깔도, 입히는 옷의 색깔도, 도배하는 벽지 색깔도 다 다르다. 어떤 색깔은 다른 색깔에 비해 사람의 마음을 조용하게 만든다. 창조주 하나님은 하늘을 파랗게, 그 가운데 구름을 하얗게, 땅은 흙색으로, 여름 나무는 푸르게, 가을 나무는 각색 단풍이 들게 하여 우리를 행복하게 하신다. 겨울에는 낙엽이 다 떨어져 앙상하게 남은 가지를 보면서 우리의 삶을 관조觀照하게 하신다. 그 뿐인가 나무에는 아름답고 예쁜 꽃과 열매도 매달아 놓으셨다. 바다는 푸르게, 그 가운데 각종 물고기와 해초들의 색깔을 지으신 하나님을 찬양한다. 하나님은 색깔 요법을 통해 지치고 힘든 사람들의 마음에 안정을 주시기도 한다. 가령 한여름 작열하는 태양아래서 초록으로 옷을 입힌 나무나 넓은 잔디밭을 보고 있노라면 어느새 평안을 느끼게 된다. 초록색은 안정적인 색이다. 스트레스를 받아 몸에 병이 오면 오장과 관련된 색깔의 옷을 입거나, 소지품을 지니고 또 관련된 장기를 건강하게 하는 색의 식품을 먹는 등 광범위하게 활용하면 도움이 된다.

색깔 중에 구원의 색은 무엇일까? 태양빛의 붉은 색은 따뜻하고 자극적이다. 우리 몸의 피도 빨간색이다. 옛날에는 첫 월급을 받으면 부모님께 빨간 내의를 사드렸다. 지금은 여러 색깔의 립스틱이 나오지만 우리가 어릴 때는 빨간 립스틱이 전부다. 립스틱은 처음 악마를 쫓기 위해 사용되었다고 한다. 동짓날 문설주를 위시해 여기 저기에 팥죽을 뿌리는 것을 본 적이 있었다. 성경에 나오는 유월절 어린 양의 피를 문설주에 바르는 것과 같은 것이라고 생각된다. 예수님의 십자가에서 흘리신 보혈의 색은 구원의 색이었다. 하나님께서는 이 세상에 우리가 즐기고 보아야 할 아름다운 색깔을 다양하게 디자인해서 창조해 놓으셨다. 하나님께서는 인간을 위해 가장 좋은 자연요법을 구석구석에 다 만들어 자라게 하시고, 향기가 나게 하시며, 우주 공간에 걸어놓으시고, 우리가 온 몸과 마음으로 필요할 때마다 공짜로 사용하라고 하셨다(창세기 1 : 26, 28).

심호흡

갑작스런 스트레스에서 빨리 탈출하기 위해 깊은 호흡deep breathing을 하는 것은 큰 도움이 된다. 심호흡은 언제 어디서나 할 수 있는 복식호흡으로 방법은 간단하다. 먼저 편안한 자세로 앉은 다음, 배 위에 양손을 얹고, 코로 천천히 깊이 숨을 충분히 들이 쉰 다음 잠시 숨을 참는다. 그리고 입을 통해 숨을 천천히 토해낸다. 이 일을 여러 번 반복한다.

심호흡은 집이나 일터, 차 안 등 어디서나 할 수 있다. 시험지를 받아놓고 너무나 가슴이 떨릴 때도 잠깐 심호흡을 한 후 시험지를 보면 안정이 되고 자신감도 생긴다. 심호흡은 스트레스에 직면할 때 좋은 방편이 될 수 있다. 스트레스가 아니더라도 아침에 일어나 깊은 호흡으로 가스 교환량을 늘리면 건강에 좋다.

이렇게 심호흡을 할 때, 눈을 감고 머릿속에서 큰 원부터 작은 원까지 동심원을 그려나간다. 그리고 스트레스의 원인이 차츰 차츰 해결되고 작아지는 장면을 연상하면서 심호흡을 하는 것도 좋다.

규칙적인 운동 : 국민체조/걷기/스트레칭

내가 어렸을 때 아침에 라디오에서 구령이 나오면 모두 집 앞에 나와 체조를 했던 기억이 난다.

"육체의 연단body discipline은 약간의 유익이 있으나 경건은 범사에 유익하니 금생과 내생에 약속이 있느니라" 디모데전서 4 : 8

육체의 훈련은 경건만은 못해도 유익이 있다는 말이라고 생각된다. 우울증 환자는 매일 10분 이상씩 숨찬 운동을 권한다. 운동은 마음을 맑게 해 주고 스트레스를 잘 견디게 해 준다. 특히 팀경기Team sports(축구, 야구, 등산, 걷기대회) 등을 정기적으로 하는 것이 중요하다. 지리산 등산 한번 갔다 왔다고 보험에라도 든 것처럼 2~3달 운동 안 하면 오히려 역효과를 가지고 올 수도 있다. 가까운 야산이나 냇가를 주 3~4회 정도 산책하며 맑은 공기를 마시고 가벼운 체조를 하는 것은 몸에 보약이 된다.

스트레칭Stretching Exercise을 하는 것도 좋은 방법이다. 이는 우리 몸이 스트레스를 받으면 근육이 긴장하므로 그 해당 부분을 스트레칭으로 풀어 준다. 평상시에는 국민체조를 하여 평소 사용하지 않는 근육을 움직임으로 건강에 시간을 투자한다.

화火는 원기元氣의 적이다. 가슴에 화를 담아두지 말고, 원기를 좋게하기 위해서 아침에 일어나 온몸을 움직이는 운동을 한다. 태음인은 뚱뚱하므로 땀이 날 정도로 운동을 하고, 소음인은 몸이 찬 체질이므로 방안에서 맨손체조를 하고, 소양인은 그날의 컨디션에 따라 적당한 운동을 한다.

걷기는 좋은 운동이지만 무작정 걸으면 안 된다. 걸을 때는 앞을 보고, 걷는 리듬에 맞게 호흡을 하면, 우리 몸의 중심선이 바르게 서 허리가 펴진다. 될 수 있는 한 직선으로 걷는다. 걷는 것은 누구나 혼자서도 매일 할 수 있으며 특별한 장소나 장비가 필요 없고, 특히 산보는 비만이나 고혈압 · 저혈압을 예방하고 개선할 수 있다. 또한 배변이 잘 되고 혈당치도 개선되어 스트레스 해소에 탁월하다. 자동차를 두고 매일 만 삼천 보 정도 걷는 것은 최고의 보약으로 여러 가지 병을 한꺼번에 고칠 수 있다. 가능하면 좋은 친구와 함께 일주일에 적어도 3일 이상 운동을 하도록 한다.

미국에 살 때 앞집 부인이 함께 걷자는 제안을 했다. 나는 단순히 동네 한 바퀴를 도는 정도라고 생각했는데 그녀는 나를 자동차에 태워 친구 집까지 가서 그녀의 친구와 셋이 1시간씩 걷는 것이었다. 그때 한국말을 못하는 미국 부인들과 걸으면서 영어 듣기와 말하기를 배울 수 있었다. 그야말로 일거양득一擧兩得이었다.

일본에 있을 때 가족 수련회를 갔는데 일정한 보폭으로 산을 오르며 이 사람 저 사람과 서로 얘기도 하고 식구도 소개하는 등 즐거운 시간을 보낼 수 있었다. 내려올 즈음 참석한 여러 나라의 사람들을 거의 다 알게 되었고, 또 그 나라의 문화도 이해하고 접할 수 있었던 추억에 남는 수련회였다. 외국인들은 친한 친구와 단짝이 되어 계속 다니는 우리와는 달리 수 십 명의 사람을 자연스레 번갈아가며 얘기하고 소개하면서 걷는다.

걷기운동은 발반사 건강법foot reflex-zone therapy으로 좋다. 걷기는 아무 기구 없이 하나님이 주신 발로 그냥 걸으면 된다. 양재천을 걷다보면 나무, 꽃, 풀냄새가 저절로 향기요법aroma-therapy이 되어 짜증난 일로 인한 두통이 말끔히 씻겨지는 걸 느낀다. 좋아하는 친구들과 함께 걸으며 예수님의 말씀을 서로 나누다 보면 행복이 따로 없다. 그 뿐인가. 비온 후 콸콸 흐르는 냇물을 바라보면 음이 온이 절로 나오는 듯하고, 맑은 날 냇물에 발을 담그고 가만히 하늘을 보며 하나님을 생각하면 절로 감사와 찬양이 흘러나온다.

걷는 운동은 발과 다리가 피를 심장 쪽으로 올려주는 작용을 하기 때문에 혈액순환에도 좋다. 예수님은 공생애 기간동안 무려 1500킬로미터를 걸으시며 사역을 하셨다고 한다. 운동도 너무 많이 하면 활성산소가 만들어져 좋지 않다. 그러나 우리 몸을 창조하신 예수님께서 그것을 모르셨을 리 없다. 참 신이요 참 인간이신 예수님은 지나치게 빨리 걸어 독성산소를 만드시지도 않으셨을 것이고, 너무 늦게 걸어 시간을 낭비하지도 않으셨을 것이다. 운동도 과산화지질lipid peroxide이 생기지 않도록 한다. 왜냐하면 과산화지질은 혈소판을 응집하여 혈전이 생기게 한다.

균형잡힌 식사

먹는 일은 매우 중요하고, 일생 중 꽤 많은 시간을 할애하는 생명 유지의 근본이다. 만약 사람이 영양을 전혀 섭취하지 못하는 상태면 인체는 극도의 스트레스를 받게 되어 몸이 필요로 하는 저장된 탄수화물, 지방 및 단백질을 끌어내 사용하게 된다. 따라서 인체는 너무 많이 먹어도 스트레스를 받고 너무 안 먹어도 스트레스를 받는다.

균형잡힌 식이 섭취는 스트레스 해소에 참 좋은 방법이다. 개인적으로 나는 운동을 별로 좋아하지 않고 할 시간도 없다. 골프를 해봐도 별로 재미가 없고, 마음에 맞는 친구들과 걷기를 해봐도 며칠이다. 음악은 가끔 들어야 좋고, 여행은 여기저기 좀 다녀봤지만 그때뿐이었다. 그래서 나는 큰 돈 들이지 않고 식사를 통해 스트레스를 해소한다. 먹고 싶은 해물 라면도 끓여 먹고, 단품 요리를 잘하는 이탈리아 레스토랑에도 간다. 특히 신선한 재료를 사용하고 그릇을 깨끗하게 잘 씻어 말린 식당은 내가 단골로 가는 곳이다.

"음식 먹기를 권하노니 이것이 너희 구원을 위하는 것이요 너희 중 머리카락 하나도 잃을 자가 없으리라 하고" 사도행전 27 : 34

초대교회 성도들은 날마다 집에서 식사를 함께 했다고 한다. 그들은 당연히 식탁을 주신 하나님께 감사예배를 드렸을 것이다. 천국에서 만나볼 성도들과 함께 식사를 한다는 것은 당시의 핍박과 박해의 스트레스를 날리기에 좋은 기회였을 것이다. 더구나 예나 지금이나 집에서 먹는 밥은 질리지도 않는다. 외식은 아무리 맛있어도 두 끼 이상 연달아 같은 식당에 가는 것은 어렵다. 그러나 사랑을 담아 집에서 만든 밥은 평생 먹어도 맛있다. 그래서 그들은 기쁨과 순전한 마음으로 먹었다.

"날마다 마음을 같이하여 성전에 모이기를 힘쓰고 집에서 떡을 떼며 기쁨과 순전한 마음으로 음식을 먹고" 사도행전 2 : 46

외식은 선택을 잘해야 한다. 한때 미국에서 중국집 증후군 Chinese restaurant syndrome으로 두통을 호소하는 환자들이 있었다. 알고 보니 조미료 때문이었다. 그래서 그런 환자에게 중국집 뿐 아니라 외식을 금지시키고 집에서도 MSG를 제거했더니 통증이 나았다는 글을 읽은 적이 있다. 특별한 이유 없이 오는 피로는 현재 병이 오고 있거나 이미 병이 있다는 신호로 생각하고 균형잡힌 식이 섭취와 규칙적인 운동과 적절한 휴식으로 정상상태로 되돌려야 한다. 오늘날 사람들의 몸에 나타나는 여러 가지 증상들을 보면, 가능한 옛날 음식으로 먹는 것이 건강한 몸으로 돌아가는 것이 방편이라고 생각된다.

건강의 기본은 영양이다. 우리는 잘 먹는 것 같지만 올바로 먹지 못하는 경우가 많다. 잘못 먹거나, 너무 많이 먹거나, 미각만 생각하여 먹었다가 식독食毒이 생긴다면 원시적인 음식의 형태를 적용해보자. 얼마나 우리 조상들의 음식이 웰빙well-being 음식이었는지 알게 될 것이다.

우리 조상들이 김치를 먹을 때 칼로 잘라 먹지 않고 손으로 찢어 먹었으니 통배추가 가진 영양소를 골고루 섭취했다. 그러나 지금은 부위별로 잘 포장되어 먹고 싶은 부분만 골라 먹는 재미를 느끼지만 영양의 밸런스는 고르지 못할 수 있다. 전체 상태의 식품은 하나님께서 인간에게 주신 영양소의 종류와 양적 비율이 균형을 이루고 있다. 또한 우리가 어릴 때는 어머니들은 저녁마다 시장에 나가셔서 그날그날 물 좋은 생선과 싱싱한 야채를 전기줄을 엮어 만든 망태기에 사서 오셨다. 냉장고도 크지 않고 냉동고는 작아서 고기를 사다 오랫동안 저장해서 먹을 수 없었고 냉장고에 들어갔던 음식은 맛이 없다고 하셨다. 그러다 보니 먹을 때마다 저절로 싱싱한 재료를 식구 수에 맞게 사다가 새 밥을 해서 먹었다. 그러나 요즘은 전자렌지에 금새 데운 더운밥을 먹을 때가 많지만 곡기穀氣(곡식곡, 기운기)가 살아있는 새밥은 아니다.

그뿐이 아니다. 교통이 발달되지 않아 열대과일인 바나나는 아주 부자라야 일 년에 몇 개 먹을 정도였다. 그러나 지금은 식품의 세계화로 세계 각국의 맛있고 좋은 식품들이 즐비하여 국내산을 찾는 것이 더 어려울 정도다. 신토불이는 이미 먼 역사속의 단어가 되고 있다. 우리 조상들은 자기가 살고 있는 지역에서 생산되는 음식을 먹어야 기후에 대한 적응도도 빠르고 몸도 건강해진다고 하셨다. 그래서인지 오늘날은 조금만 춥거나 기온이 떨어지면 쉽게 감기에 걸리고, 또 폭발적 재채기를 하는 알러지성 비염 환자도 날로 늘고 있다. 많은 병이 알러지로 오는 것은 일반인들도 다 안다. 우리 조상들은 100리 밖 농산물은 먹지 않았다고 한다. 음식과 관련된 알러지의 또 다른 원인은 같은 가공 성분들의 단순한 반복적인 인체 공격이다. 우리가 시장이나 백화점에 가보면 엄청난 가짓수의 식품이 있으나 실제로 따지고 보면 과거의 우리가 먹던 것들보다 전체적인 종류는 많지 않다고 생각된다. 단지 회사별, 포장단위별 등등으로 나뉘어 있어 많아 보일 뿐이다.

지구 온난화로 여름은 겨울처럼 춥게 에어컨이 돌아가고, 겨울은 반팔 셔츠를 입을 정도로 난방이 잘 되어 있다. 냉동고의 크기는 자꾸 커져 가고 그 안에 저장된 음식은 일 년 전의 것도 그대로인 경우도 많다. 이미 죽은 음식을 먹고 있는 것이다.

주부의 영양치료학적 센스가 식구들을 질병으로부터 구한다. 냉동고에 오래 둔 단백질은 해동하면 성분의 변화로 효소 활성을 잃어 비타민 등 영양이 이미 손실되어 있다.

우리가 어릴 때는 유해식품이란 말을 들어본 적이 별로 없다.

농사는 당연히 유기농법으로 짓고 벼는 제때에 추수했다. 그러나 지금은 멀리서 와야 하는 이유로 뭔가가 들어가야 하고, 맛을 위해 과일도 인위적으로 당도를 높여야한다. 무질서로 가고 있다.

잘 먹고 있는데 비만도 많고 질병도 많아지고 있어 잠시만 책이나 전문 잡지를 보지 않으면 이름도 모르는 새로운 병들이 생겨난다. 더구나 조미료는 몸에 좋지 않다고 식당에서도 사용하지 않는 추세지만 이미 우리의 입맛은 달작지근한 것을 쫓고 있다. 그래서 당질질환saccharine disease이 많아지고 있다. 건강할 때는 괜찮다. 그러나 몸에 건강과 상관 없는 증후가 나타나면 회복될 때까지 원시적 생활방식으로 돌아가 보자.

구석기 시대에는 동물처럼 이동하면서 식량을 구하고, 나무 열매를 채취했다. 냇가에 가서 물고기를 잡고, 짐승을 직접 수렵하였다. 우리가 이렇게는 할 수 없지만 음식의 재료와 요리법을 원시에 가깝게 한다면 스트레스를 이기기에는 좋을 것이라고 생각된다. 우리 몸이 가장 예민한 건강진단기기라고 생각한다. 건강한 몸은 스트레스를 잘 견딘다. 건강치 못한 경우 사소한 스트레스에도 소화불량, 혈압상승, 당뇨합병증 등이 생긴다. 만약 우리가 식사를 거르면 스트레스의 극한 상황에서 우리 몸을 지켜줄 필수 영양소가 많이 부족하게 되어 인체는 더욱 망가진다. 하루 세끼 균형잡힌 식사가 중요하다.

히포크라테스Hippocrates는 "Let food be thy medicine(음식으로 너

의 약을 삼아라)" 고 했다. 로신Victor G. Rocine은 "If we eat wrongly, no doctor can cure us; "if we eat rightly, no doctor is needed."

(우리가 잘못 먹으면 어느 의사도 우리를 고칠 수 없고, 우리가 바로 먹으면 의사가 필요없다)고 했다. 건강한 식생활이 스트레스 해소를 돕는다.

주부의 시장 바구니에 온가족의 건강이 달려있다고 했다. 시장을 보러갈 때 가족들의 건강을 살피면서 재료를 구하자.

스트레스를 받았다고 이불을 뒤집어쓰고 해가 중천에 뜰 때까지 잔다고 해결되지는 않는다. 규칙적인 생활 습관이 중요하다. 특히 스트레스를 발생시키는 튀김류, 커피, 콜라, 초콜릿 등은 삼가야 한다. 담배는 일시적인 도움은 될지 몰라도, 길게는 오히려 스트레스를 가중시키므로 반드시 금연한다.

일상의 식습관의 차이가 인간의 성격 형성에 큰 영향을 미친다. 1일 3회 규칙적으로 식사하는 습관을 가져야 한다. 구미에는 'Man eat what he is.' 라는 말이 있다.

사람의 식사 내용으로 그 사람을 알 수 있다는 말이다. 바꾸어 말하면, 이 말은 'Man is what he eats.' 로 '사람은 식사 내용에 따라 결정된다."라고 말할 수 있을 것이다.

1일 3회 식사의 중요성은 1일 3회 감사하기 위함이며, 주기도문의 우리에게 일용할 양식을 주옵시고는 중요한 의미를 지닌다. 뇌로 가는 혈류를 3분만 멈추어도 신경세포가 변성해 재생되지 못한다. 하루 세 끼의 식사를 바르게 먹고 있는 사람이라면, 웬만한 편식가가 아닌 한 특정 비타민이 부족해서 머리가 나빠지는 일은 없다. 오히려 함부로 건강기능 식품이나 좋은 보약이라고 해서 특별히 좋아지지도 않는데도 부작용이 없다는 말만 듣고 수년을 계속 복용하면 과잉으로 인한 뜻하지 않은 부작용이 생길 수도 있다. 반면 비타민 부족이나 영양분의 부족으로 오는 흥분, 피로, 의기소침, 신경과민, 불안, 화를 잘 냄, 기억력 감퇴, 사고력 감퇴 등이 오면 필요한 영양분을 보급해줌으로써 간단히 낫게 할 수도 있다.

특히 아침 식사의 중요성이 날로 대두된다. 아침식사를 거르면 정신기능이 떨어진다. 식사량은 약 80퍼센트로 절제하는 것이 위에 부담을 주지 않고 기민한 두뇌활동에 좋다. 너무 많이 먹으면 혈액이 주로 위장관에 몰리고 고혈당이 되어 졸립고 학습능률과 작업능률도 저하된다. 아침을 굶어 공복상태가 12시간 이상 지속되면 신체는 교감신경계가 활성화되어 극도의 긴장상태가 되고 정신기능이 떨어진다. 철결핍성 빈혈에 있는 여학생들이 철분 결핍상태를 고치고 나면 기억력이 좋아지고 정신기능이 증진되는 것을 볼 수 있다.

고3 수험생을 위해 한 가지 제안을 한다면, 일찍 일어나는 것을 습관화하라는 것이다. 이는 기상 후 2시간이 지나야 두뇌가 가장 효율적인 상태가 되기 때문이다. 입시돌파의 비결은 '기상 후의 조깅과 아침식사를 든든히 먹는 습관' 이라는 게 일본의 통계에서 밝혀졌다. 아침식사를 거르면 시험에 떨어지기 쉽다. 아침식사가 머리에 좋은 두 가지 이유는 수면에 좋고, 아침형 인간으로 만드는 것이다.

아침 식사에는 고3 수험생이나 일반인들의 치매 예방을 위해서도 단백질이 포함된 식사가 좋다. 단백질의 중요성을 보면, 출생 후부터 여섯 살까지 단백질이 결핍되면 지능에 중대한 나쁜 영향이 나타난다. 뇌는 단백질을 간단하게 통과하지 않는다. 아미노산은 뇌의 안팎에서는 중요도가 다르다. 뇌는 blood brain barrier BBB(혈액 · 뇌관문)를 방패삼아 단백질을 간단하게 통과시키지 않는다. 그러므로 원칙적으로 뇌는 필요로 하는 단백질을 자신이 아미노산으로부터 합성하지 않으면 안 된다. 육류가 단백질로 재합성되기 위해서는 인슐린insulin이 필요하다. 음식물로 섭취된 육류는 소화 · 흡수되어 아미노산으로까지 분해되지만, 이들 아미노산이 체내에서 단백질로 재합성되기 위해서는 인슐린이라는 호르몬이 필요하다. 만약 단백질원으로 빵을 생각한다면 쌀의 단백질이 훨씬 좋다. 단백질이 모자라면 뇌의 기능을 활성화시킬 수가 없다. 인슐린insulin의 분비는 고기만 먹어서는 충분하지 않고, 인슐린을 충분히 분비시키기 위해서는 육류와 함께 빵을 먹는데, 빵을 고기보다 먼저 먹어야 한다. 빵에 함유된 당glucose은 인슐린을 분비하도록 신호를 보내어 췌장에서 인슐린 분비가 효율적으로 이루어지도록 한다. 따라서 예수님이 주신 아침 식사 풀코스에도 떡과 생선 단백질이 나온다. 레스토랑에서도 풀코스Full course에 수프soup가 나오고, 빵이 나온 후 스테이크 고기요리가 나온다. 이때 빵은 인슐린 분비 신호의 구실을 한다. 즉 빵을 먹지 않으면 먹는 고기가 피와 살로 되지 않는다.

"육지에 올라보니 숯불이 있는데 그 위에 생선이 놓였고 떡도 있더라 예수께서 이르시되 지금 잡은 생선을 좀 가져오라 하시니 시몬 베드로가 올라가서 그물을 육지에 끌어 올리니 가득히 찬 큰 물고기가 백쉰세 마리라 이같이 많으나 그물이 찢어지지 아니하였더라 예수께서 이르시되 와서 조반을 먹으라 하시니 제자들이 주님이신 줄 아는 고로 당신이 누구냐 감히 묻는 자가 없더라 예수께서 가셔서 떡을 가져다가 그들에게 주시고 생선도 그와 같이 하시니라" 요한복음 21 : 9-13

탄수화물(빵, 밥 등)을 먹지 않고 고기만 먹으면 피와 살이 되지 않는다. 물론 체중은 빠지겠지만(일명; 황제 다이어트), 평생 고기만 먹을 수도 없고, 만약 먹는다면 혈액중의 케톤 농도가 상승하여 뇌와 심장에 회복할 수 없는 상황이 일어나며 수명이 짧아질 수도 있다.

아침 밥상은 예수님께서 사랑하는 제자들에게 차려주신대로 양질의 단백질과 탄수화물을 주재료로 하면 머리를 많이 쓰는 수험생에게 좋다. 이것은 예수님이 차려주신 아침밥상의 비밀(요한복음 21 : 9-13)을 실천하는 것이다. 부활 후 세 번째 나타나신 주님은 디베라 바닷가에서 친히 제자들에게 숯불에 익힌 생선과 떡으로 아침 밥상을 차려놓으신다. 아마 이때 예수님은 제자들에게 떡을 한 입 먹고, 생선을 먹으라고 가르쳐주셨을 것이다. 생선을 한 입 먹고 떡(밥 : 탄수화물)을 먹으라고 가르쳐 주시지 않으셨을 것이다.

밥도 수험생에게 아침에 전자렌지에 데운 밥보다 새로 지은 새밥을 먹이는 것이 에너지를 내는 데 좋다. 식사할 때 단백질이 좋다고 단백질을 탄수화물보다 많이 먹는 것은 머리가 나빠지는 섭취 방법이라고 볼 수 있다. 2병 7어(떡 2개 물고기 2마리)나 2병 5어(떡 2개 물고기 5마리)가 아닌 5병 2어거나 7병 2어라야 하는 원리를 생각해 보자.

> "예수께서 떡 다섯 개와 물고기 두 마리를 가지사 하늘을 우러러 축사하시고 떡을 떼어 제자들에게 주어 사람들에게 나누어 주게 하시고 또 물고기 두 마리도 모든 사람에게 나누시매" **마가복음 6 : 41**

균형잡힌 식사를 위해 지방의 중요성을 알고 넘어가야 한다. 지방은 단백질 못지 않게 중요한 뇌의 영양소다. 인간의 뇌를 말려서 무게를 달아보면 약 40퍼센트가 단백질, 50퍼센트가 지방이고, 기타 10퍼센트로 되어있다고 한다.

당분(밥, 빵, 감자류)이 많이 함유된 음식을 빠뜨리지 않고 먹는 것이 중요하지만, 서구인들의 흉내를 내어 식후에 다량의 설탕을 함유한 디저트를 드는 것은 심장질환의 원인이 될 수 있다. 21세기에는 1일 4식이 필요할 지도 모른다고 누군가가 말했다. 고도 정보화 사회에서 뇌의 활성화를 위해 포도당의 혈중농도를 언제나 일정수준 이상으로 유지시키도록 유의할 필요가 있으므로 1일 4식이 필요하다는 것이다. 배가 고프면 머리 회전이 둔해지므로 사탕, 엿, 설탕을 소량으로 섭취하면 뇌를 활성화하는데 도움이 된다. 과일은 당도가 높은 것을 선택하면서 설탕이나 엿 등 단 것을 조금 사용하는 것은 완강히 거절하는 분들이 있다. 특별히 당뇨병, 심장질환을 가진 환자가 아니면 하루에 캔디 몇 개, 설탕 든 커피 한 잔 정도는 별로 문제가 되진 않는다. 오히려 공복 상태를 지속시켜 뇌까지 텅 비게 만드는 것이 좋지 않다.

"떡 일곱 개로 사천 명을 먹이고 주운 것이 몇 광주리였는지를 기억지 못하느냐" 마태복음 16 : 10

꽃 한 송이, 과일 하나라도 공부하는 자녀에게 맞도록 사다가 꽂아 놓고 식구들에게 필요한 식재료를 바구니에 담을 줄 아는 지혜로운 엄마들이 많아져야 한다. 균형잡힌 식사는 뇌의 발육에 좋다. 기억력이 필요한 고3의 경우는 더욱 그렇다. 균형잡힌 식사로 기억력이 가장 좋으신 예수님을 닮아가야 한다. 하나님만이 우리의 체질을 확실히 아시는 분이다.

적절한 휴식

운동이 좋기는 하지만 무조건 좋은 것은 아니다. 신야 히로미 교수는 "무병장수하려면 너무 지나친 운동을 하지 말라"고 권한다. 적당한 운동을 하면 혈액 순환이 잘 돼 온 몸의 신진대사가 활발해지고 각 장기가 건강해지지만, 과도한 운동은 근육의 대사가 증가되어 질병과 노화의 원인이 될 수 있는 활성산소가 과도하게 발생해 오히려 건강을 해치게 된다. 이럴 때는 갑작스럽고도 과격한 운동은 삼가하고 항산화 비타민을 복용하면 도움이 된다.

과훈련 증후군Overtraining syndrome에서 보면, 운동은 건강의 '약'이 아니라 '독'이다. 무리한 운동 후 충분히 휴식을 취하지 않고 다시 무리한 운동이 반복하면 체력소모는 물론, 식욕 감소, 몸살, 만성적 피로, 혈압 상승, 심박수 증가, 수면장애 등의 증상이 나타난다. 무리한 운동의 대표적 문제점은 많다. 운동 중독증이 생겨 비가 오거나 특별한 사정으로 운동을 거르면 불안, 초조, 신경과민, 불쾌감, 근육통이 생긴다. 이때는 근육의 통증을 완화시키는 시중에 나와 있는 비타민 B12등 신경비타민 B군을 섭취하면 도움이 된다.

하루를 마칠 때쯤 일로 너무 녹초가 되도록 성전인 육체를 혹사시키지 말고, 피로한 몸은 푹 자고 일어나 아침에 개운한 상태가 되도록 회복시켜 두어야 한다. 그래서 아침마다 새로운 몸으로 그날 그날 하나님께서 주시는 사역을 잘 감당해야 한다.

모든 사람에게는 때때로 혼자만의 조용한 시간이 필요하다. '바쁘다 바빠' 라는 말을 입에 달고 사는 사람은 꼭 휴식이 필요하다. 바쁜 일상에서도 하루쯤 짬을 내어 숲이 우거진 산이나 이름 모를 들꽃의 향기를 찾아 들을 찾는 여유가 필요하다. 아니면 수평선이 보이는 탁 트인 바다 같은 곳으로 하루쯤 간다든지 월차를 내어 집에서 음악을 즐기거나 독서 등으로 스트레스를 일으키는 환경에서 하루를 벗어나는 것도 필요하다. 어떤 분은 회사에서 쌓인 스트레스를 풀려고 노래방을 혼자 빌려 엄청 많은 노래를 목이 쉴 때까지 부르고 왔다고 한다. 가슴에 뭔가 맺힌 것처럼 답답할 때 쇼핑을 가는 것도 한 방법이다. 돈을 헤프게 쓰면 주인 되신 하나님께 청지기의 역할을 다하는 것이 아니다. 그러나 윈도우 쇼핑은 아무리 많이 해도 돈이 안 든다. 그러다가 가끔 세일 코너에서 값싸고 괜찮은 원피스도 하나 살 수 있다.

또 무조건 쉬는 것을 강조해서 놀고 먹고 자는 생활이 되면 안 된다. 열심히 공부하고 난 후의 산뜻함과 밤을 새워 잘 쓴 리포트를 완성할 때의 그 행복한 기분은 스트레스 해소에 얼마나 좋은지 모른다. 그런 기분 좋은 리포트를 내고 좋은 학점을 받을 때에는 스트레스를 한 방에 날려버리게 된다. 하나님께서 기뻐하시고 자신이 좋아하고 잘할 수 있는 일을 하는 것은 스트레스만 해소할 뿐 아니라 건강하고 장수하는 데 도움이 될 수 있다.

내 남편의 이야기이다. 41세에 괜찮은 회사에서 잘 나가는 고지식한 기획본부장인 남편은 어느 날 오라는 사람도 없는 미국유학을 가자고 약국을 폐업하라고 했다. 부부가 각방도 쓰지 말랬는데 지구의 반대편에서 살 수는 없어서 남편의 말이 떨어진 지 불과 한 달 남짓에 환자들로부터 원망을 들으며 폐업을 하고 아이 둘을 퇴학시키고 미국행 비행기를 타기 전날 밤까지 얼마나 바빴는지 남편과 아이들과 함께 비행기에 오르니 그 때야 정신이 들었다. 네 사람이 공부하고 배우고 쓰는 일만하니 그동안 좀 벌어둔 것은 많이 축이 났었지만 미국에서의 몇 년간의 삶은 인생의 아름다운 휴식이었다. 아름다운 그레이스 커뮤니티 교회의 성도들, 커뮤니티 스쿨의 컴퓨터 등 각종 무료강의, 단짝 미국 친구 로지Rosie의 무료영어 교습, 시간만 나면 자동차로 여기 저기 다닌 긴 여행, 우리나라에 돌아온 지 15년이 지났건만 우리 가족들의 삶을 얼마나 풍요롭게 한 추억어린 휴식이었는지 모른다.

너무 바빠서 잠을 충분히 못자는 사람이 많은 요즈음은 나처럼 올빼미족들도 많다. 낮에는 크게 바쁘지는 않아도 혼자 약국을 하다 보니 잡무도 많고, 앉았다 일어섰다 냉장고를 열었다 닫았다,

차근히 앉아 일을 볼 시간이 없으니까 방해받지 않고 일할 시간은 이렇게 밤중이 최고다. 벌써 새벽 5시가 넘었다. 좀더 진도를 내고 아침밥을 짓기 위해 일어나야 한다. 이럴 때면 나는 하루를 제끼고 친정 엄마네 따뜻한 구들목에서 하루 종일 자고 싶다. 옛날에는 어쩌다 친정에 가면 엄마는 불평이셨다. "야는(너는) 하루종일 계속 잠만 자냐. 밥이나 묵고(먹고) 자라"고 하신다. 쉼을 얻으려고 노력해야 하고 충분히 못 잔 잠을 틈을 내어 보충하는 지혜가 필요하다. 잠을 적게 자면 더욱 스트레스를 느끼고 병이 자주 생기며 면역계가 약화되는 결과가 온다. 일어나기 위해 알람시계를 사용하지만 말고 잘 시간을 위해서도 알람 시계를 이용하는 것도 필요하다. 그리고 잘 때는 부부가 함께 자야 한다. 아무리 부부싸움을 했어도 남편은 아내의 화를 풀어 놓고 자야지, 화난 아내가 베개 들고 건넛방으로 가게해서는 안 된다. 아내가 화가 나서 소파에 나가 자는데도 왜 화가 났는지도 모르고, 코를 골고 자면 아내는 밤새 화병火病이 생길지도 모른다. 부부 중 누구든 사랑을 더 많이 가진 쪽이 양보해서 각방을 쓰는 일은 막아야 한다.

언젠가 메스컴에서 여가에 대해 나오는 것을 보니까, 한국인의 평일 평균 여가시간은 3시간. 주5일 근무제가 시행된 뒤 여가시간은 늘었지만 가장 두드러진 여가활동은 여전히 TV 시청이나 친지와 전화로 잡담하기 등 '방콕' 형이라고 한다. 재테크보다 중요한 게 쉼테크다. 쉬자! 자자! 놀자! 일한 당신은 쉴 자격이 있다.

취미

취미는 스트레스를 푸는 데 정말 좋은 것이다. 우리는 즐기기 위해 시간과 돈이 필요하다. 그러나 사정이 허락하는 범위 내에서 부부가 취미 생활을 같이 하는 것이 좋다. 혼자 취미 생활을 하다 보면 문제가 생길 수 있다.

우리 어머니 시대에는 식구들을 위해 엄마는 항상 먹지도 입지도 못하고 고생을 하시면서 본인 입으로는 말씀도 하지 않으셨다. 그 시대는 정말 어려웠다. 그러나 지금은 그 분들의 고생으로 얻은 풍요 속에 우리가 즐기고 있다. 먹을 것을 못 먹는 분들도 적다. 따라서 부모님들이 자신의 스트레스를 해소하기 위해 돈을 쓰는 것에 죄책감을 느끼지 않는 것이 좋다. 물론 자기 돈이라고 자기 맘대로 너무 많이 쓰면 안 되지만, 청지기가 일한 삯을 받는 심정으로 쓰면 된다.

스트레스 일기

스트레스 일기를 써서 그날 그날의 스트레스를 풀기도 하고, 잘못된 스트레스는 고쳐나가는 것도 좋은 방법이다. 학교 다닐 때 일기를 열심히 썼던 적이 있었다. 지금도 눈물을 뚝뚝 떨어뜨려 가며 일기를 쓰면서 그날의 화풀이를 하기도 한다. 결혼 초에는 작은 살림에 연탄 하나라도 아낄 때라 연탄 값이 몇 원 올랐다는 아침 신문을 읽으면서 받은 스트레스는 대단했었다. 부부간에는 무촌이니 부모보다 가까운데도 신혼 때는 참 많이도 스트레스를 받아 울고불고 했었다. 이제는 빗물에 연탄이 젖어 씻겨 나가도 웃으면서 바라볼 수 있을 만큼 마음의 여유도 생겼다. 젊을 때 고생은 사서도 한다지만 정해진 생활비가 바닥나면 간식도 없고 냉장고에 먹을 과일도 떨어졌을 때 또 싸우고 서로에게 상처를 주었다. 일기를 쓸 때는 나의 스트레스로 인한 상처들을 모두 일기장에 상처의 흔적으로 글씨를 갈겨도 쓰고 예쁘게도 쓰고 줄도 긋고 하면서 스트레스를 해소한 것이다. 지금은 일기를 잘 쓰지 않고 어쩌다 컴퓨터에 쳐넣다 보니 그때의 그 감동이 생기지 않는다. 교회 공동체에 손으로 쓰는 일기모임을 만들면 좋겠다.

완충제Stress Buffers

완충작용은 혈압, pH 등과 같은 생체의 기능 및 상태를 안정시키고자 하는 작용이다. 힘든 스트레스를 완충하는 것이 필요할 때가 있다. 맨땅에 해딩하면 두개골이 파열되어 죽을 수 있다. 그러나 텔레비전에서 보니까 공중에서 떨어지는 훈련을 하는데 저러다 밧줄이 끊어지거나 잘못하면 죽겠구나 생각했다. 그런데 아래에 보니까 두꺼운 매트리스가 깔려 있어 안전장치가 있었다. 그렇다. 스트레스를 받았을 때 충격을 줄여주는 완충제가 필요하다. 이 완충제는 가장 가까이는 가족과 교회공동체다. 어떤 면에서 호적의 먼 친척보다 교회공동체의 가족이 하늘나라까지 함께 갈 가족이다. 이들이 스트레스를 해소시키는 완충제가 된다.

사람은 사회적 동물로서 다른 사람과 함께 있다는 느낌을 가지는 것이 필요하다. 세계 제2차 대전의 영웅으로 불리는 처칠은 우리가 역사 채널에서 보듯이 비만한 데다 과도한 흡연으로 항상 파이프를 물고 있었고, 폭음을 했으니 단명하기 알맞은 상태였다. 더구나 개인과의 싸움도 아니고 세계대전을 수행해야 하는 스트레스 상태에서 좋은 영양요법은 어쩌면 코끼리 비스켓이었을지도 모른다. 그런 그가 90세까지 살 수 있었던 것은 자신의 아내인 크레멘타인과의 사랑과 행복한 가정이었다고 한다. 이 사랑이 그에게 용기와 힘을 주었고, 일할 수 있는 에너지를 주었을 것이다. 가정은 최고의 안식과 평온을 주는 행복한 공간이다. 미혼인 분들은 행복한 가정을 이루어 갈 상대자를 빨리 골라 결혼을 하는 것이 좋다. 원래 키스는 전쟁에 나가는 연인에게 용기를 주기 위한 것이었다고 한다. 여성은 가족과 세계를 품어 안을 수 있는 넓은 가슴을 가졌다. 청소년들의 방황도 엄마의 따뜻한 가슴으로 끝이 날 것이라고 생각된다. 성도들은 사역자들에게 바란다. 우리 목사님이 나의 스트레스 완충제stress buffer가 되기를 바란다. 역으로 목사님들의 스트레스 완충제는 장로님, 권사님, 집사님, 성도님들이 맡으면 좋겠다. 아름다운 주님의 교회 식구들 생각만 해도 스트레스가 날아간다. 우리가 섬기는 교회공동체가 이 사회의 스트레스 완충제가 되어야 한다고 생각한다. 이는 우리를 구원하신 주 예수 그리스도가 우리의 스트레스 완충제가 되시기 때문이다.

성경읽기

No bible, No breakfast : 어느 교회에서 본 카피다.

기도생활을 열심히 한다고 할 수 없는 나는 갑갑한 일이 있거나 기도가 잘 되지 않을 때 성경을 펴고 계속 읽다보면 놀라운 위로의 말씀 속에서 평강을 얻을 때가 많다. 존 칼빈은 "성경이 가는 데까지 가고 성경이 멈추는 데서 멈춘다"고 했다. 그래서 고민을 하다가 성경을 읽으면 말씀이 내게 주시는 곳까지만 생각한다. 또한 성경은 우리가 지옥으로 떨어진다는 비극보다는 본향인 천국으로 갈 것이라는 해피엔딩으로 끝나는 희극이다. 그래서 유대인들은 잘 보이는 이마와 팔뚝과 문설주에 말씀을 붙여놓고 말씀 가운데서 해결을 받았나보다. 성경 66권은 영적으로 섭취해야 할 영양소가 하나님 말씀으로 골고루 다 들어 있는 압축파일이다.

너희는 여호와의 책을 자세히 읽어보라 이것들이 하나도 빠진 것이 없고 하나도 그 짝이 없는 것이 없으리니 이는 여호와의 입이 이를 명하셨고 그의 신이 이것들을 모으셨음이라 이사야 34 : 16

자기의 지식의 눈으로 예수님의 지혜를 받아서 맛있는 요리를 천천히 음미하듯이 자세히 읽고 묵상하면서 잘 흡수되도록 읽어야 한다. 성경은 원래 입에서 입으로 전달되었다고 한다. 읽을 때는 하나님의 말씀을 들을 준비를 하고 하나님의 말씀에 귀를 기울이면서 읽어야 한다. 심한 스트레스를 받았을 때 우리는 가장 사랑하는 사람에게 가서 하소연을 하고 싶어 한다. 우리를 가장 사랑하시는 분은 예수님이고 성경은 예수님이 나를 사랑한다는 사랑의 편지이다. 영적인 양식인 성경은 하루 3번씩 천천히 먹는 것이 좋다. 성경통독을 통해 성경의 脈(맥)이 우리의 맥박을 따라 흘러내려가 우리의 피가 예수 그리스도의 피로 펄떡펄떡 뛰는 젊은이의 맥박이 되어 속사람이 날로날로 새로워지는 체험을 했으면 한다. 주님의 강단에서 선포되는 모든 말씀은 우리의 스트레스 해소 처방이다.

기도

기도를 누군가 영적 인프라라고 했다. 인생의 목표를 현실적으로 세워 '조금만 더' 하는 마음을 버리며 이웃을 사랑하고 신앙생활을 한다. 성경에 보면 공부를 너무 많이 하지 말라고 하는 구절이 있다.

> "내 아들아 또 이것들로부터 경계를 받으라 많은 책들을 짓는 것은 끝이 없고 많이 공부하는 것은 몸을 피곤하게 하느니라" 전도서 12 : 12

그러나 기도를 너무 많이 하지 말라고 한 것은 읽어 본 적이 없다. 사람들의 문제 해결자세를 보면, 자포자기하는 사람, 낙관주의적인 사람이 있는 가하면, 현명한 사람은 기도하는 사람이다. 왜냐하면 우리가 기도할 때 하나님이 일하시기 때문이다. 기도하면 하나님은 우리에게 문제를 해결해 주시기도 하지만 문제를 이길 힘을 주신다. 술집이나 카지노 없이 잘 되는 '홀리데이 인Holiday Inn' 호텔은 모든 것이 안 될 때 아내가 사장인 자기 남편에게 말했다고 한다. '다 해 보았으나 기도는 해 보지 않았지 않았잖아요. 기도해 보세요.' 해서 기도하고 총 재산 250달러로 시작한 호텔 체인이라고 한다.

유대인은 예법에 따라 하루 세 번 기도한다고 한다. 새벽기도

(샤하리트), 점심기도(민하), 일몰기도(마아리브)이다. 아침 세수를 하여 밤에 분비된 더러운 것들을 씻어내고, 밤 세수를 통해 하루의 먼지를 털어내듯이 기도를 통해 우리의 스트레스를 모두 하나님께 올려 드리고 해결책을 기다리는 것이 좋겠다. 하나님은 우리가 죄인임을 고백하는 기도를 제일 좋아하신다고 한다. 우리가 스트레스를 받는 것도 하나님에 대한 믿음이 약하기 때문이라고 본다면 나의 스트레스를 기도로 고백하면 기쁘게 우리의 마음을 편하게 조성해 주실 것이다.

정치 대국 미국의 대통령은 더욱 스트레스가 많았을 것이다. 그러나 링컨 대통령은 미국대통령 시절 매일 새벽 4시부터 5시까지는 성경을 읽고 기도하는 데 할애했다고 한다. 그래서 엄청난 스트레스를 하나님과의 교제로 해소한 것일 것이다.

미국에서 가장 영향력 있는 토크쇼의 여왕 오프라 윈프리Oprah Winfrey는 사촌오빠를 위시한 많은 남성으로부터의 성적 학대, 미숙아 사산, 100킬로가 넘는 체중 등으로 스트레스를 받았다고 한다. 마약도 복용했으나 마약이 스트레스를 해소해 주지 못했다. 그는 견딜 수 없는 힘든 상황을 독서의 힘으로도 많은 도움을 받았지만 기도함으로 오늘의 그녀가 된 것이라고 말한다. 왜냐하면 그녀는 살면서 하루도 기도를 빼먹지 않았기 때문이다.

"하나님의 구하시는 제사는 상한 심령이라 하나님이여 상하고 통회

하는 마음을 주께서 멸시하지 아니하시리이다" 시편 51 : 17

하나님께서는 성경 속에 외로울 때, 분할 때, 근심이 있을 때, 따돌림을 당할 때, 실망했을 때, 우리가 받을 스트레스의 상황에 대처할 많은 위로의 기도를 써 놓으셨다. 기도와 묵상은 스트레스를 풀어주고 조절해 준다. 신앙인은 모든 병을 고치시며 우리 체질을 아시는 하나님께 기도하면, 천사가 우리의 기도를 하늘로 배달하여 예수님께 가져다 줄 것이다. 그러면 예수님은 우리의 욕심 많고 이기적인 기도를 깨끗하고 아름답게 중보기도 하셔서 하나님께 아뢰어 주실 것이다. 그러면 아들의 기도를 외면하지 않으시고 예수님의 이름으로 기도하는 우리 모두의 기도를 들어주시되 가장 좋은 것으로 가장 좋은 때에 들어주신다. 우리의 어려운 문제를 하나님께 아뢰고 기다리자(시편 103 : 3, 14).

찬양

감옥에서도 바울과 실라는 노래한다. 우리의 기쁨은 환경에 지배되지 않는다. 예수님 안에서는 어떤 상황이라도 기뻐할 수 있어야 본향인 하늘나라로 갈 소망을 가진 순례자의 모습일 것이다. 하박국 기자의 고백처럼 말이다.

"비록 무화과 나무가 무성하지 못하며 포도나무에 열매가 없으며 감람나무에 소출이 없으며 밭에 먹을 것이 없으며 우리에 양이 없으며 외양간에 소가 없을지라도 나는 여호와로 말미암아 즐거워하며 나의 구원의 하나님으로 말미암아 기뻐하리로다" 하박국 3 : 17-18

찬양은 여러 면에서 좋은 효과가 있다. 어떤 경우는 조용히 혼자 찬양하면서 울기도 하고 위로 받지만, 어떤 때는 많은 사람들과 함께 박수를 치면서 악기를 동원하고 춤을 추면서 노래를 부르고 하나님을 찬양함으로 스트레스를 극복할 수 있다.

"춤 추며 그의 이름을 찬양하며 소고와 수금으로 그를 찬양할지어다" 시편 149 : 3

젊은이들의 문화를 선도하는한 스포츠 용품업체가 협찬한다고 해서 고려대학교 노천극장에서 하는 '2007 Let's Spris Rock Festival'을 보러 갔었다. 오후 1시부터 밤 11시가 넘을 때까지 계속 록음악을 하는데 스탠드에 앉아 있는 사람은 몇 명 안 되고, 수천 명의 젊은이들이 계속되는 록가수와 밴드에 맞춰 춤을 추고 손뼉 치고 발로 뛰고 신이 났다. 장장 10시간을 뛰다보면 스트레스 해소는 물론이거니와 수지침이나 발 맛사지가 따로 필요 없겠고, 저렇게 제자리 조깅을 하니 살도 빠지겠다. 타미식스, 엘로우 푸

퍼, 아이스 베리, 내 귀에 도청장치, 바세린, 슈퍼키드, 오메가3, 활화산, 넬, 스키조, 피아, 김장훈과 한국사람, 노브레인 등등 이름도 특별하다. 보통 이름으로는 김종서 한 사람 뿐이다. 와! 하는 함성과 아무도 의식하지 않는 가운데 수천 명이 있으나 모두 혼자다. 혼자서 흔들고 손뼉치고 고함지른다. 노브레인이 노래할 때는 나도 내려가 춤추며 흔들고 싶었다. 예수님이 오시면 나도 저럴 수 있겠다는 생각이 들었다고 말했더니 남편은 부끄러워 숨을 것이란다. 많은 생각을 했다. 장년 수에 비해 젊은이 수가 적은 대형교회를 생각하면서 젊은이를 저렇게 예수님을 향해 열광하도록 끌어 모을 수 있는 방법은 찬양이라는 생각이 들었다. 피아의 말대로 이 열정으로 살아야겠다. 예수님을 향해 찬양하고 춤추기 위해 록과 밴드로, 드럼과 기타로, 판소리와 장구로, 헨델과 파이프오르간으로, 베토벤과 피아노로 우리는 하나님이 주신 지혜로 인간이 만든 모든 악기와 최상의 악기인 우리의 목소리를 통해 찬양해야겠다.

예수님 재림하실 때 나팔소리와 함께 내 이름 부르실 때를 생각하고, 종말론적 기쁨을 찬양해야 한다. 그리스도인은 머리에서 발끝까지 할렐루야가 되어야 한다고 히포의 어거스틴 Augustine of Hippo은 말했다. 시편 기자는 "호흡이 있는 자마다 여호와를 찬양할지어다. 할렐루야"(시편 150 : 6)로 끝맺고 있다.

09 양약

잠언 17장 22절

마음의 즐거움은 양약이라도
심령의 근심은 뼈로 마르게 하느니라

양약

현실적으로 볼 때, 스트레스에 관한 처방 중 성경만큼 정확하고 완전한 처방을 본 적이 없다. 성경에서 양약을 보면 마음의 즐거움이다. 반대로 즐거움이 없는 근심은 피를 만드는 뼈가 마르게 된다는 것이니 이보다 무서운 말씀이 없을 것이라고 생각된다. 우울증의 원인은 MAOmonoamine oxidase의 과잉으로 몸속에 세로토닌serotonine이 고갈되어 오는데 이때의 치료 방법은 MAOIs(MAO를 억제하는 약)로 기분을 좋게 하는 것이다. 즐거움 중에 특히 신앙의 감격과 즐거움이 우리에게는 양약이다.

"마음의 즐거움은 양약이라도 심령의 근심은 뼈로 마르게 하느니라"

잠언 17 : 22

즐거울 때는 절로 콧노래가 나오고 찬송이 절로 나오게 된다. 야고보 기자는 "너희 중에 고난苦難당하는 자가 있느냐, 그는 기도할 것이요, 즐거워하는 자가 있느냐, 그는 찬송할지니라"(약5 : 13)라고 권하고 있다. 삶의 문제를 묻고 답하는 웨스트민스터의 소요리문답의 제1문도 사람의 제일 되는 목적이 여호와를 즐거워하는 것이라고 했다. 최고의 즐거움은 예수님과 함께하는 것이다.

제1문 사람의 제일되는 목적은 무엇입니까?

답 사람의 제일되는 목적은 하나님을 영화롭게 하고 영원토록 그를 즐거워하는 것입니다.

이 말은 인간의 삶 그 자체로는 진정한 즐거움이 없다는 것이다. 부유한 농부는 밭에 소출이 풍성하매, "또 내가 내 영혼에게 이르되 영혼아 여러 해 쓸 물건을 많이 쌓아 두었으니 평안히 쉬고 먹고 마시고 즐거워하자 하리라 하되"(누가복음 12 : 19)라고 생각한다. 이때에 "하나님은 이르시되 어리석은 자여 오늘 밤에 네 영혼을 도로 찾으리니 그러면 네 예비한 것이 뉘 것이 되겠느냐 하셨으니"(누가복음 12 : 20)라고 반문하신다.

또 성경은 우리에게 여호와를 경외하며 악에서 떠나는 것이 양약이라고 하신다. 유대인의 회당에서 최초로 배우는 성경 중의 하나가 "여호와를 경외하는 것이 지식의 근본이어늘 미련한 자는 지혜와 훈계를 멸시하느니라"(잠언 1 : 7)이라고 한다. 여호와를 섬기는 것이 지식의 근본이고 양약이며, 복받는 길이다. 자식들에게도 좋은 성적을 내기 위해 보약을 먹이는 것보다 하나님을 경외하도록 하는 것이 양약이다. "여호와를 경외하는 자는 이같이 복을 얻으리로다"(시편 128 : 4). "스스로 지혜롭게 여기지 말지어다 여호와를 경외하며 악을 떠날지어다 이것이 네 몸에 양약이 되어 네 골수를 윤택하게 하리라(잠언 3 : 7–8).

지혜로운 혀

성경은 지혜로운 자의 혀가 양약이라고 하셨다. 말하고 맛을 보는 혀는 생명과 사망을 오간다고 한다. 나의 혀로 인해 우리는 얼마나 자기와 남에게 스트레스를 주고 있는지 모른다. 예부터 "사람은 세 치의 혀를 조심하라"고 경고하고 있다. 사람의 혀가 어떠한 무기보다도 무섭다. 혀가 있어야 말을 할 수 있다. 그러나 그 말로 실수와 후회할 말을 많이 하고 있다. 우리는 남의 마음을 아프게 하는 말을 하지 말아야 한다. 모든 무익한 말에 대해서는 심판을 받는다고 하신다.

"독사의 자식들아 너희는 악하니 어떻게 선한 말을 할 수 있느냐 이는 마음에 가득한 것을 입으로 말함이라" 마태복음 12 : 34

"내가 너희에게 이르노니 사람이 무슨 무익한 말을 하든지 심판 날에 이에 대하여 심문을 받으리니" 마태복음 12 : 36

그래서 많은 목사님들은 '내가 남을 축복하면 내게 축복이 돌아오고 내가 남을 저주하면 내게 저주가 돌아온다' 고 말씀하신다. 한편 부드러운 혀는 딱딱한 뼈를 꺾는다고 하신다.

"오래 참으면 관원도 설득할 수 있나니 부드러운 혀는 뼈를 꺾느니라" 잠언 25 : 15

그래서 우리는 날마다 우리의 입술에 파수꾼을 세워달라고 기도함으로 남의 마음에 상처를 주지 말아야 한다.

한의학에서 심주설心主舌이라 하여 '말 없는 심장이 혀를 주관한다' 고 한다. 혀는 말을 하는데 필요하다. 말은 우리의 생각이 입을 통해 나오는 것이다. 좋은 생각을 해서 좋은 말이 나오도록 하는 것이 자신과 남의 스트레스를 예방하는 길이다.

"선한 사람은 그 쌓은 선에서 선한 것을 내고 악한 사람은 그 쌓은 악에서 악한 것을 내느니라" 마태복음 12 : 35

그 사람의 혀를 보면 심장의 상태를 짐작할 수 있다. 모든 화병 치료의 우선은 심장을 치료하는 것이다. 한자 '화'火(불 화)는 '심'心(마음 심)에서 유래한 것이라고 한다. 심장을 편안하게 해야 한다. 그러기 위해서는 남의 마음을 후비는 말을 하지 말고 남의 말에 앙갚음을 하지 말아야 한다. 부모 자식 간에는 너무 사랑하기 때문에 상처를 받기 쉽다. 성경은 우리에게 듣기와 말하기를 이렇게 하라고 하신다.

좋은 마음으로 들으라고 하신다.

"좋은 땅에 있다는 것은 착하고 좋은 마음으로 말씀을 듣고 지키어 인내로 결실하는 자니라" 누가복음 8 : 15

말할 때는 사랑으로 말을 하라고 하신다.

"내가 사람의 방언과 천사의 말을 할지라도 사랑이 없으면 소리 나는

구리와 울리는 꽹과리가 되고" 고린도전서 13 : 1 참조 에베소서 4 : 15

특히 여자는 말을 조심해야 한다. 남녀 모두 왼쪽 뇌는 청각기능을 가지고 있고 오른쪽 뇌는 감정을 느끼는 기능이 있다. 그런데 말하고 듣는 기능은 남자는 왼쪽 뇌에서만 하고, 여성은 양쪽 뇌로 가능하다. 즉, 남자는 왼쪽 뇌로만 들을 수 있기 때문에 한 사람의 말만 들을 수 있는 반면, 여자들은 말을 알아듣는 기능이 양쪽 뇌에 있기 때문에 두 사람이 한꺼번에 말을 해도 알아듣기 때문에 여자 셋만 모이면 재잘거린다.

"또 그들은 게으름을 익혀 집집으로 돌아 다니고 게으를 뿐 아니라 쓸데없는 말을 하며 일을 만들며 마땅히 아니할 말을 하나니"

디모데전서 5 : 13

그래서 엄마는 특히 입이 무거운 고3 아들에게는 잔소리를 적게 해야 한다. 너무 많이 하면 아들은 엄마 말에 대해 미처 자기 말을 못해 화병이 난다. 엄마를 포함한 우리 모든 여성에게 성경은 혀를 조심하라고 하신다.

선한 말을 하자. 남을 저주하는 말이나 가슴에 못 박는 말은 하지 말자.

"칼로 찌름같이 함부로 말하거니와 지혜로운 자의 혀는 양약과 같으니라" 잠언 12 : 18

"선한 말은 꿀송이 같아서 마음에 달고 뼈에 양약이 되느니라" 잠언 16 : 24

하나님 아버지는 가슴 깊이 있는 상처를 꺼내어 고치신다.

"여호와는 마음이 상한 자를 가까이 하시고 중심으로 통회하는 자를 구원하시는도다" 시편 34 : 18

정말 좋은 정신과 의사는 내담자의 말을 잘 들어주는 의사다. 미국에서는 상담료를 낸다. 내담자는 실컷 이야기를 하고 일어나면서, 아무 말도 하지 않고 가만히 있어준 의사 선생님께 자기 병을 고쳐주셔서 감사하다고 상담료를 거금을 지불하고 일어선다. 목회자는 가장 훌륭한 상담자이므로 가장 좋은 의사가 될 수 있다. 목사님들이 우리 성도들의 가슴에서 나오는 말을 들어주실 수 있으면 좋겠다.

충성된 사신

충성된 사신이 양약이라고 하였다. 복 많은 아브라함은 며느리 선택도 믿고 맡길 만큼 충직한 종을 만났다. 우리는 스스로 충성된 사신이 되자. 하나님의 말씀을 잘 전하는 사신이 성도들에게 양약이다. 좋은 목회자를 만나는 것은 성도들의 양약이며, 삯군 목자는 성도들의 스트레스다. 예수님을 믿는 사람들은 앉으나 서나 교회 얘기다. 교인들은 선한 목자로 인해서는 자랑의 말을 하게 되지만, 삯군 목자는 성도들로 하여금 죄 짓게 만든다.

"악한 사자는 재앙에 빠져도 충성된 사신은 양약이 되느니라"

잠언 13 : 17

만병통치약

노령화 사회로 접어들면서 관심을 끄는 것이 온갖 병에 다 좋다는 건강 기능식품이 아닌가 생각된다. 어느 집이나 식탁의 한쪽 구석을 차지하고 있는 것이 건강 기능식품이고, 뭔가 끓여 놓고 먹고 있어야 건강에 보험 든 것처럼 안심하는 것 같다. 중년기 부부들은 보약이라도 먹어야 안심하고 건강하게 장수하기 위해 많은 사람들이 불로초를 찾고 있는듯하다.

거의 평생 약을 만져온 나의 생각으로는 사실 만병에 좋은 약은 어찌 보면 만병을 일으킬 소지도 있다고 생각된다. 사람마다 얼굴이 다르듯이 체질도 다르고 같은 병이라도 상태에 따라 다른데 모든 사람이 먹으면 만병이 다 낫는 약이 있을지 모르겠다.

만병통치약은 없다. 인품 있고, 실력 있는 좋은 의사를 만나 정확한 진단을 받고, 신뢰할 수 있는 약사에게 약을 먹는 것이 좋다고 생각된다. 비싸다고 좋은 약도 아니고 싸다고 나쁜 약도 아니다.

과거에는 정신과는 미친 사람이나 가는 병원이었으나 지금은 다르다. 오히려 자신의 모든 심리 상태를 전문의와 상의하여 적절한 처방으로 하루 빨리 회복하는 것이 좋다. 무조건 좋다는 것을 먹지 말자. 자신의 체질에 따라 좋은 양약이 될 수도 있고 독약이 될 수도 있는 것이다.

특히 양인인 태양인과 소양인들이 열을 잘 받는다. 화도 잘 내고 풀어지기도 잘한다. 그래서 성질이 찬 음식이 좋다. 직업도 얌전히 앉아서 하는 직업보다 활동적으로 나가서 하는 폭넓은 업무가 잘 맞는다. 아주 저혈압이 아니면 차도 카페인이 함유된 것보다 감잎차가 좋다. 감잎차는 태양인의 뻗쳐오르는 마음을 긍정적으로 전환시켜주기도 한다. 평소 너무 뜨겁거나 매운 것을 먹는 것보다 메밀, 냉면 등의 찬 음식이 좋다.

태양인은 땀을 흘리며 조용히 하는 운동보다는 기의 흐름을 원활하게 하는 운동이 좋으며, 반면에 마음을 다스리는 것이 중요하다. 따라서 자전거타기, 달리기, 줄넘기, 낮은 산 등산, 계단 오르기, 윗몸일으키기, 스트레칭, 수영, 단전호흡 등이 좋다. 단, 골프는 허리를 한쪽으로만 쓰므로 너무 오래하는 것은 피하는 것이 좋다.

소양인은 열이 많고 성격이 급해 화가 나면 물불을 가리지 않으며 쉽게 화내고 쉽게 풀어지는 성격으로 성질이 찬 음식으로 화를 내려 정신을 안정시켜주는 것이 좋다. 만약 스트레스가 짧은 기간이면 건전한 긴장감이 되며 업무의 효율도 높여 좋은 기회가 될 것이나 스트레스가 오래가면 우리 몸은 영양을 잘 조절할 수 없어 영양 결핍이 일어나고 가끔 그와 관련될 질병을 앓게 된다. 여러 가지 영양소 중 단백질, 비타민 A, C, E 등의 항산화 비타민의 요구량이 증가되고, 비타민 B는 스트레스 상태에서는 특별한 예외를 제외하고는 누구에게나 필수적으로 필요하다. 특히 우울증 환자는 식욕부진, 불면, 신경계 과민으로 신경계 세포의 영양소 소모로 더욱 악순환을 반복하므로 비타민B 복합제(일명 신경 비타민)를 충분히 복용해야 한다.

코셔kosher식품

스트레스 상태에서는 식품을 성경적인 근거에 기준해서 먹는다. 미국에서 보면 유대인들이 구약의 성경에 기준해서 생산한 코셔 식품은 일반 식품보다 비싼데도 판매량이 많다. 가발업자, 은행업으로 돈을 많이 벌던 유대인들의 코셔 식품은 세계의 여유 있는 사람들이 먹고 있으며, 시장은 기하급수적으로 세계를 향해가고 있는데, 우리의 전통 음식은 훨씬 더 좋은 과학적인 식품인 데도 불구하고 김치조차 일본의 기무치에 빼앗기고, 두부는 일본의 도후Tofu에 완전히 패한 실정이 안타깝다.

한국 음식

우리의 어머니들이 어릴 때 먹고 자란 음식을 양심적으로 잘 만들면 코셔 음식보다 훨씬 건강하게 장수하는 데 좋은 음식이 될 수 있으며 세계 시장을 향해 떳떳이 나갈 수 있을 것이라고 생각된다. 우리나라의 음식은 패스트 푸드가 아니라 그 음식을 먹을 수 있게 될 때까지 걸리는 시간이 매우 긴 슬로우 푸드다. 간장, 된장, 고추장을 담가 먹으려면 많은 손길이 가야하고 젓갈, 김치 등의 밑반찬이 곰삭으려면 시간이 많이 걸리고 곰국 한 그릇도 푹 고아야 제 맛이 난다.

요즈음 아이들은 야채는 입에도 대지 않으려는 아이들이 많다. 집에서 만든 음식보다 사먹는 음식에 중독된 아이들의 입맛은 단맛, 짠 맛, 쓴 맛, 떫은 맛, 매운 맛 등을 가릴 줄 모르는 것 같고, 엄마들의 혀도 맛을 잃어가고 있다. 우리가 어릴 때 먹었던 음식들 중에는 그 음식 자체가 오늘의 민간 처방으로 쓰는 것들이 많았다. 특별히 제철에 우리의 땅에서 나는 식재료를 사용했다. 봄에는 쑥을 캐어 된장국을 끓이고, 산과 들에 나는 푸른 나물은 간의 피로를 풀기에 더 없이 좋았다. 부침개를 할 때는 소염消炎, 해열解熱, 지혈止血藥 작용이 있는 치자를 물에 담가 우러난 노란 물에 밀가루를 풀어 부추전을 부쳐주신 우리 어머니들의 지혜는 생활 속의 과학이었다. 사랑의 손길과 정성이 든 우리나라 음식으로 스트레스에 시달려 화를 참을 줄 모르는 요즈음의 아이들의 심신을 바로잡아 주어야 하겠다.

스트레스를 많이 받는 요즈음 아이들의 입맛은 매운 정도가 도를 넘어 아예 입에서 불이 나도록 매운 것을 좋아한다. 이런 아이들에게 삶은 나물 무쳐놓고 야채 먹으라고 해도 먹지를 않는다. 아이들의 나이에 맞게 체질에 맞게 건강상태에 맞도록 요리를 해서 먹여야 한다. 비만한 아이들에게 주는 음식과 그릇이 여윈 아이들에게 주는 음식과 그릇과 같을 수 없다. 스트레스성 식욕 부진에는 신선한 재료를 광범위하게 사용하여 요리에 변화를 주어야 하며 각종 요리를 조금씩 만들어 한입 크기로 해서 먹기도 하고, 때로는 큼직하게 해서 썰어 먹기도 할 필요가 있다. 밥그릇도 칼라와 모양이 다르게 준비해두어 식구들의 심적 상황에 맞도록 사용해야 한다. 스트레스로 가슴이 답답한 아이에게 아침에 전자렌지에 찬밥 데워 냉동실에 있던 불고기 꺼내 볶아 김치하고 주고는 고액과외 시켰다고 공부 잘 하기를 바라서는 안 된다.

스트레스성 위궤양에는 양배추 주스가 좋은데 이는 양배추에 든 비타민 U가 위궤양에 좋기 때문이다. 정신적 스트레스로 많이 오는 과민성 대장 증후군에서는 무엇보다 규칙적인 식사 습관과 배변 습관에 유의하며 장을 자극하는 음식을 피해야 한다. 장이 예민하여 설사를 잘하는 사람은 생식이나 너무 섬유질이 많은 식품은 장이 좋아질 때까지 잠시 멈추는 것도 좋다.

스트레스가 왔을 때는 가능한 다음의 것을 피하는 것이 좋다. 너무 조리된 음식, 탄산음료, 커피, 콜라, 초콜릿 등 카페인이 함유된 식품을 피하고, 지나친 향신료, 방부제가 든 음식, 튀긴 음식, 내장, 닭 껍질, 술, 담배 등을 피하는 것이 좋다.

당분은 우리 일상에서 조금 적게 써야 한다. 설탕 등의 과소비에 의해 생활습관병인 사카린병saccharine disease이 늘어나고 있다. 케이크, 과자, 청량음료 등을 좋아하는 일본 여성들에게 지방간이 급증했다는 기사가 나온 지도 십 년이 넘었다.

10 오직 한사람

체질과 스트레스

시편 139편 13절

주께서 내 장부를 지으시며 나의 모태에서 나를 만드셨나이다

시편 139편 16절

내 형질이 이루기 전에 주의 눈이 보셨으며 나를 위하여
정한 날이 하루도 되기 전에 주의 책에 다 기록이 되었나이다

오직 한 사람

체질에 대한 특강을 의뢰받고, 하나님께서는 우리의 체질을 어떻게 분류하세요? 하고 여쭈었다. 묵상 가운데 하나님께서는 우리 인간을 창조하실 때 한 명 한 명을 새롭게 창조하셨기 때문에 현재 살고 있는 세계 65억의 인구는 65억의 체질로 나누시고 한 사람 한 사람의 체질을 아신다는 생각이 들었다. 하나님은 인격적이시기 때문에 우리와 관계를 가지시며, 인격적인 사람에게 하나님이 동행하신다. 커피자판기에 비유하면 비인격적이라는 것은 동

전 200원 넣으면 4가지 중에서 누르는대로 똑같은 커피가 나오는 것이며, 인격적이란 그 사람의 체질과 기호를 고려하여 가장 알맞게 사랑으로 탄 커피이기 때문에 똑같은 커피를 한 번 이상 탈 수는 없다. 하나님께서는 똑같은 우리의 기도에 각자에게 다 다르게 응답하신다. 우리를 지으신 하나님만이 우리의 체질을 정확히 아신다. 하나님의 작품인 우리는 부모의 형질이 자식에게 유전되어, 지구를 살다간 사람도, 현재 살고 있는 사람도, 이 시간 이후에 태어날 수많은 사람들도, 설령 일란성 쌍둥이라고 해도 우리의 형질이 이루기 전에 이미 주의 책에 기록이 되었던 '오직 한 사람' 들이다.

"내 형질이 이루어지기 전에 주의 눈이 보셨으며 나를 위하여 정한 날이 하루도 되기 전에 주의 책에 다 기록이 되었나이다" 시편 139 : 16

내가 묵상 가운데 깨달은 하나님의 체질 분류법은 하나님께서 만드신 사람의 숫자만큼 나눈다는 것이다. 창조주 하나님 아버지께서는 우리를 태어나기 전부터 주의 책에 기록해 두셨다가 한 사람 한 사람 일일이 빚으시고 이 세상으로 보내셨기에 같은 사람이 하나도 없다.

따라서 사람들은 내가 무슨 체질인가를 알아보려고 노력하다보니, 세상에는 수십 가지가 넘는 체질 분류법이 생겼다. 그러나 어떤 체질분류법을 사용하던 결론은 거의 비슷하다. 유한한 인간은 무한한 하나님과 달리, 2, 4, 8, 씩으로 나누어 2의 배수로 나누어 설명하면 쉽기 때문에 음양으로 나누고, 동서남북으로 나누고, 그래도 범위가 너무 넓어 8상으로 나누기도 한다. 고향을 물으면 남쪽지방이라고 하면 곤란하다. 남쪽지방이 모두 내 고향은 아니고, 남쪽에서도 부산으로, 부산에서도 대신동으로, 거기서도 내가 태어난 집이 있고 그 집에서도 태어난 방이 있다. 방에서 내가 태어난 지점이 있다. 그래서 우리의 체질을 아신다는 하나님의 체질분류는 인간들이 대충 나누어 아는 그 체질을 아시는 것이 아니라 우리의 머리카락 하나도 세시고 내 이름을 아시는 그런 아심이다.

"이는 그가 우리의 체질을 아시며 우리가 단지 먼지뿐임을 기억하심이로다"시편 103 : 14

그러면 왜 우리는 체질을 나누는가? 고향을 묻는 이에게 세계가 내 고향이라고 할 수 없고, 동양인지, 서양인지, 동쪽인지, 서쪽인지 방향을 말해야 짐작이 간다. 전혀 방향도 모르고 인생 항해를 하는 것보다, 대강이라도 우리와 우리 자녀의 체질이 속한 곳을 알고 가면 선한 방향으로 가기가 쉽다. 아버지를 빼닮은 아이는 아버지가 좋아하는 직업을 가지며, 아버지가 앓았던 병을 앓을 확률이 많기에 장점은 잘 북돋우어 주고 단점은 어릴 때부터 기도하며 잘 교육하여 바르게 키워 자신이 가진 능력을 충분히 발휘할 수 있도록 해야 한다. 침착하지 못해서 성적이 떨어지고 쉽게 대답하고 쉽게 잊으며 쉽게 화내고 쉽게 풀리는 베드로 같은 아이들에게는 약점을 가지고 주님 앞에 나아가는 연습이 필요하다.

"너희 마음에 그리스도를 주로 삼아 거룩하게 하고 너희 속에 있는 소망에 관한 이유를 묻는 자에게는 대답할 것을 항상 준비하되 온유와 두려움으로 하고" 베드로전서 3 : 15

이런 젊은이가 회사에서 상사에게 잔소리 좀 들었다고 회사 때려치운다고 난리를 칠 때 겸손의 미덕으로 스트레스를 이겨내고 상사의 마음이 누그러지도록 기도함으로써 훗날 훌륭한 상사가 되어 있을 것이라고 생각된다.

"젊은 자들아 이와 같이 장로들에게 순종하고 다 서로 겸손으로 허리를 동이라 하나님은 교만한 자를 대적하시되 겸손한 자들에게는 은혜를 주시느니라" 베드로전서 5 : 5

같은 스트레스를 받아도 내성적이며 희생적인 모세같이 우울질의 고3 수험생들은 결단력이 약해 더 좋은 진로를 두고도 안착하려고 고민에 고민을 거듭한다. 이런 아이들에게는 1등하라는 말보다는 2등하라는 말이 훨씬 자신감을 줄 수 있고, 야단치는 것보다 오히려 격려해야 한다.

"또 아비들아 너희 자녀를 노엽게 하지 말고 오직 주의 교훈과 훈계로 양육하라" 에베소서 6 : 4

즉, 모세와 같이 온유한 아이들은 노엽게 하지 말고 양육해야 할 것이다. 만약 이런 아이를 어릴 때부터 매로 다스리면 애가 풀이 죽어 제 밥그릇도 못 챙겨 먹을 수도 있다.

1894년에 동무 이제마 선생은 '동의수세보원東醫壽世保元'을 통해 사람의 장부의 대소, 체형의 특징을 네 가지로 분석하였다. 이제마 선생님에 의하면 모든 인간은 태어날 때부터 네 가지의 장부 허실이 있어 희노애락의 감정이 장부의 생리기능에 영향을 미쳐 병이 생긴다고 하였다. 따라서 장부의 허실에 따른 외모와 성질을 어릴 때부터 잘 다스려 바르게 훌륭하게 키워 하나님 앞에 내 놓아야 좋은 청지기 부모가 될 것이다.

베드로와 같은 태양인은 폐가 크고 간이 작아肺大肝小 박력이 있고, 항상 앞으로 전진만 하려고 하고, 후퇴가 없는 추진력이 있다. 이런 아이들을 키울 때는 아이를 기죽이지 않으려고 맘대로 키우면 망나니가 될 수 있다. 절제할 수 있도록 키우면 훌륭한 지도자가 될 수 있는 아이를 망나니로 키워 작은 일은 시시해서 못하고, 큰 일은 할 줄 몰라서 못하는 자녀가 되게 하는 어리석은 부모가 되어서는 안 될 것이다. 이때 성경은 우리에게 다음과 같은 말씀을 주신다.

> "아이를 훈계하지 아니하려고 하지 말라 채찍으로 그를 때릴지라도 죽지 아니하리라 네가 그를 채찍으로 때리면 그 영혼을 스올에서 구원하리라"
>
> 잠언 23 : 13-14

베드로는 화가 나면 과연 조폭수준으로 포악해서 말고의 귀를 잘라버리고, 또 웅변학원 출신도 아니면서 한번 설교로 3천 명이 회심하는 지도력이 있었고, 기막힌 고백을 바탕으로 주님으로부터 교회를 세우겠다고 말씀을 들었다(마태복음 16 : 16-18). 그러나 멘토인 주님으로부터 금새 사단이라고 꾸중을 듣기도 했다(마태복음 16 : 23).

이런 베드로와 같은 성향을 지닌 아이가 불닭을 좋아한다고 온통 음식을 매운 것으로 해주고, 튀긴 것 좋아한다고 튀긴 것을 수시로 해주면 안 된다. 이런 아이들은 너무 열이 넘쳐나므로 평소에 메밀, 오이같은 성질이 찬 음식을 먹이고, 성질이 더운 음식은 피하는 것이 좋다. 그러나 체질에 따른 음식섭생법은 참고하는 것이지, 절대적인 것은 아니다. 태양인도 병의 상태에 따라 식재료와 요리법이 달라야 한다.

단지, 태양인은 상승의 기氣가 많은 체질이므로 평소에 맑고 담백한 음식을 먹여 기氣를 하강시키는 것이 좋으며 특히 채소류가 좋다. 태양인의 체질을 가진 학생들은 시험을 못 쳐도 별로 걱정도 안 한다. 이런 학생들은 자신 있는 과목을 중심으로 유리한 진로를 결정하는 것이 좋다. 이런 사람들의 스트레스에는 심호흡이 매우 도움이 되며, 집중이 안 될 때는 억지로 공부를 하는 것보다 깊은 호흡을 하고, 좋아하는 찬양을 한두 곡 부른 후 공부를 하면 좋다. 화가 날 때는 스트레칭, 계단 오르기, 달리기 등이 스트레스를 풀기 위한 운동으로 좋다. 또한 이런 아이들에게는 겸손의 미덕을 몸소 보여주고 발을 씻어주는 것이 좋다.

태양인들의 인구 비례는 약 0.5퍼센트 정도다. 태양인 중에 지도자급이나 우두머리 등이 되려고 하는 사람이 많고, 실제로 보통 사람보다는 비범한 사람이 많다. 그러나 우리 사회에 성질이 센 사람이 너무 많지 않도록 1퍼센트 미만으로 만드신 것도 하나님의 은혜다. 만약 하나님께서 태양인을 많이 창조하셨으면, 배가 산으로 올라가는 격이 될 것이다. 세상을 아름답게 하시는 하나님의 은혜는 인간의 체질에서도 느낄 수 있다. 사람마다 장단점이 있기 마련이어서, 어릴 때부터 체질의 방향에 따라 말씀으로 잘 키우면 누구나 훌륭한 사람이 될 수 있다. 회개한 베드로를 태양인이라고 할 수 없다. 회개하면 우리는 모두 성령의 9가지 열매가 주렁주렁 맺히는 성령님의 체질로 거듭나게 된다.

자고로 영웅도 많고 졸장부도 많은 태음인은 전 인구 중 가장 많은 비율을 차지한다. 간대폐소肝大肺小하며, 소 같은 성품이 많다. 여호수아와 같은 사람은 이에 속한다. 승리의 책인 여호수아서를 보면, 여호수아는 처음에는 두려워했으나 나중에는 매우 '강하고 담대한 모습' 으로 바뀐다. 하나님이 함께 하시면 체질이 바뀐다. 이런 체질을 가진 고3 수험생은 먹는 것을 절제시키고, 겁이 많으니 새로운 문제 보다 여태껏 풀었던 문제들을 다시 풀도록 한다. 경우에 따라서는 무사안일하게 두는 것보다 눈치보면서 약간의 스트레스를 주는 것이 좋을 때도 있다. 여호수아서 1장에서는 오히려 백성이 담대하고 여호수아가 두려워한다.

"누구든지 당신의 명령을 거역하며 당신의 말씀을 순종하지 아니하는 자는 죽임을 당하리니 오직 강하고 담대 하소서" 여호수아 1 : 18

그러나 여호수아서 마지막 장에 가면 여호수아가 담대하고 오히려 백성이 두려워한다.

"만일 여호와를 섬기는 것이 너희에게 좋지 않게 보이거든 너희 조상들이 강 저쪽에서 섬기던 신들이든지 또는 너희가 거주하는 땅에 있는 아모리 족속의 신들이든지 너희 섬길 자를 오늘 택하라 오직 나와 내 집은 여호와를 섬기겠노라하니" 여호수아 24 : 15

비대신소脾大腎小한 소양인少陽人은 눈이 특히 예쁘고, 가슴은 실하고 발은 가벼워 상체를 흔들며 빠르게 걸으며 용감하다. 밖으로 나다니기를 좋아하고 남을 위해 일하는 것을 보람으로 느끼며 희생적이며 아첨하지 않으며 의리를 존중하고, 동정심이 많아서 상대방의 잘못을 잘 용서하고 재론하지 않으며, 부지런하고 재간 있는 사람도 많다. 성급하여 화를 잘 내지만 오래가지는 않고, 받아들이는 것이 빠르고, 자기방식으로 일을 유도하고, 일을 잘 벌이고, 그것을 실행에 옮기는 것도 지나치게 빠르다. 소양인 여성 중에는 말도 많고 질투심도 많으며 현모양처도 많다. 계획성이 없고 빨리 이루어지지 않으면 체념을 잘 하며, 공부할 때 음악을 틀고 해야 공부가 잘되며, 외우는 걸 잘하고, 벼락공부를 잘하는 편이다. 받아들이는 비위(소화기)기능은 강하여 소양인 중에 일부는 너무 잘 먹어 비만자도 있고, 신장(생식기)기능은 약하여 배설기능이 약하고 여자는 다산多産하지 못하는 경우가 흔하다. 몸에 열이 많아 맥박이 빠른 편이며, 병이 오면 신장으로 간다. 똑똑하고 영리하지만, 사울 왕처럼 조증燥症인 상태가 있어 매우 행복하다고 느낄 수 있다. 소양인은 비위에 열이 많은 체질이므로, 담백한 음식, 성질이 서늘한 음식, 채소류 해산물 등이 좋으며, 변비가 생기지 않도록 주의한다. 따라서 냉수를 좋아하고, 겨울에도 냉면을 즐긴다. 열이 많고 신장과 방광이 약한 소양인은 냉면을 먹을 때 식초는 넣고 겨자는 조절해서 먹는 것이 좋다. 돼지고기는 소양인에게 특히 좋다. 즉, 기름이라고 무조건 나쁜 것이 아니라 사람의 얼굴을 윤택하게 하는 효과도 있다.

"사람의 마음을 기쁘게 하는 포도주와 사람의 얼굴을 윤택하게하는 기름과 사람의 마음을 힘있게 하는 양식을 주셨도다" 시편 104 : 15

돼지고기는 조직이 연해서 숙성시킬 필요가 없으며 날로 먹으면 절대로 안 된다. 돼지고기와 새우젓은 찰떡궁합이다. 그 이유는 돼지고기의 단백질이 소화되는 데 필요한 단백질 분해효소인 '프로테아제'와 돼지고기의 지방이 소화되는데 필요한 '리파제'가 새우젓이 발효되는 과정에서 생성되기 때문이다. 돼지는 자궁 기능이 강하여 임신기간이 114일로 짧아 임신 기능이 약한 소양인이 먹으면 자궁 기능이 보완되어 불임을 막을 수 있다고 하여 임신이나 출산과 관련하여 돼지를 이용한 음식을 많이 먹는다. 소양인은 지구력이 약해 지루한 것을 못 참고, 싫증을 잘 내므로 장거리보다 단거리 달리기가 좋고, 여러 가지 운동을 조금씩 하는 것이 좋다.

소양인 학생은 공부에 집중이 되지 않을 때, 과목이나 교재를 바꾸어가면서 공부를 하고, 학원을 바꾸어 보는 것도 새로운 기분이 들어 좋아할 것이며, 또한 소양인 학생들에게는 봉사정신이 많으므로, 공부의 목적이 하나님과 사회를 위한 것에 초점을 둔다면 더욱 열심히 공부를 할 수 있다. 또 공부하는 가운데 긴장을 하거나 스트레스를 많이 받아 고열량의 음식을 많이 먹게 되면 위장에 열이 쌓여 식욕이 더욱 강해져 더 많이 먹게 된다. 이때 위장의 열을 내려주는 보리차나 보리밥 등을 몸의 상태와 계절을 고려하며 먹으면 긴장상태를 가라앉혀 성취도가 올라간다.

소양인에게는 자극이 강한 조미료인 겨자나 후추 등은 많이 쓰지 않는 것이 좋다. 인삼은 특히 전문가와 상의해서 먹는 것이 좋다. 소양인은 체질에 맞지 않는 음식을 먹으면 피부발진이 생길 수 있기 때문에 평소에는 당근, 파슬리, 셀러리 등의 주스를 먹으면 좋다.

신대비소腎大脾小한 소음인은 얌전한 사람으로, 오링 테스트O-Ring Test시 오이를 쥐게 하고 쉽게 떨어지면 소음인으로 분류하는 사람도 있다. 삭개오와 도마가 여기에 해당하며, 약 30퍼센트가 해당된다. 물론 삭개오같은 소음인도 예수님을 만난 후 적극적이고 진취적인 사람으로 바뀌어 소음인의 약점을 극복하게 되었다. 소음인들은 추위를 잘 타기 때문에 속이 냉하고 수족이 차며 위장계통 병이 많으며, 눕거나 기대기를 좋아한다. 따라서 이런 사람은 열병으로 땀을 너무 많이 흘리거나 과로하면 안 된다. 여성의 소음인은 신장, 방광, 자궁계통이 실하여 출산을 잘하고 자녀를 잘 기르고 남녀 모두 가정적인 사람이 많다.

소음인은 유순한 모습을 하고 있어 이목구비가 몰려있는 중앙집권형으로 생겼으며, 특히 입이 예쁘다. 남에게 인색한 면이 있으며 웃는 것도 아낀다. 한 번 화나면 잘 풀리지 않으며 스트레스와 연관성이 가장 높은 체질이다. 소음인은 내성적이고 온순하며 섬세하고 근면하며 치밀하며 겉으로는 부드럽고 겸손하나 마음속으로는 매우 강인하여 깊은 사고를 요하는 일에는 매우 필요한 성품이다. 이런 소음인은 남을 사랑하는 사랑지수LQ; love quotient를 높이는 것이 좋다.

소음인은 속이 냉하고 소화력이 약하므로 음식을 따뜻하게 먹는 것이 좋다. 소음인에게는 차조, 찹쌀, 닭, 도미, 멸치, 미꾸라지, 대추 등이 좋으며, 냉면, 밀, 보리, 팥, 배, 수박, 오이, 참외 등 찬 성질의 식품은 평소에 많이 먹지 않는 것이 좋다.

미국에서는 할머니들이 손자가 아프면 닭고기 수프를 끓여준다. 닭고기 수프는 상기도 감염의 증상에 매우 좋다. 실제 미국의 연구가들의 실험에 의하면 닭고기 수프가 백혈구의 neutrophils의 이동을 저해한다고 나타났다. 소음인 아동들은 어릴 때 배 아프단 말을 많이 한다. 그래서인지 우리 할머니들도 여윈 손자가 배 아프다고 하면 닭을 푹 고아 먹이고 배를 시계방향으로 어루만져 주시던 기억이 난다. 생활 속의 과학을 우리 조상들이 많이 물려주신 것을 고마워해야 한다.

체질에 따른 수험생 건강관리로 아이의 성적도 올리고, 예수님의 제자 사랑하는 방식도 다시 한 번 생각해 보면 예수님은 우리를 창조하시고 우리의 체질을 아시는 바로 그 하나님이 성육신하신 것을 고백하게 된다. 결국 우리는 예수님 안에서 음양의 균형이 치우친 흠이 있는 체질이었으나 성령받은 화평한 체질로 거듭나는 것이다. 따라서 너무 세상적인 체질 분류에 심취하지 말고 예수님의 향기가 우러나는 체질이 되는 것에 좀더 많은 관심을 기울여야 할 것이다.

하나님의 체질분류

주께서 내 장부를 지으시며 나의 모태에서 나를 조직하셨나이다.

시편 139 : 13

해 아래에는 새 것이 없나니 전도서 1 : 9

해 아래 새 것이 없으나 그리스도 예수 안에서는 모든 것이 새 것이 될 수 있다. 엄마가 걱정하는 우리 자녀의 낡은 것(습관, 오장육부, 성적표, 성격...)이 예수 그리스도 안에서 새 것이 된다.

체질에는 각각 장단점이 있어서 어느 것이 좋고 나쁜 것은 가릴 수 없다. 또 어느 한 사람이 전적으로 한 가지 기질만을 가졌다고 볼 수도 없다. 하나님께서 잠시 맡겨주신 우리의 자녀를 기도 가운데, 자기 기질의 좋은 점은 살리고, 교육과 훈련으로 좋은 성품을 만들어, 하나님의 자녀를 맡은 청지기로서 최선을 다하여 하나님 면전에서 잘 키워야 한다. 그리하여, 주님을 위해 온전히 쓰임받는 독립적인 훌륭한 인격체로 양육시켜야 한다. 자녀 교육에 승리하세요!

11 절제가 치유다

갈라디아서 5장 22-24절

오직 성령의 열매는 사랑과 희락과 화평과 오래참음과 자비와
양선과 충성과 온유와 절제니 이 같은 것을 금지할 법이 없느니라
그리스도 예수의 사람들은 육체와 함께
그 정욕과 탐심을 십자가에 못박았느니라

But the fruit of the Spirit is love, joy, peace, patience, kindness, goodness, faithfulness, gentleness and self-control. Against such things there is no law. Those who belong to Christ Jesus have crucified the sinful nature with its passions and desires.

우리는 우리의 잘난 작은 힘을 절제하지 못해 이웃의 권리를 빼앗은 적은 없는가? 하나님이 주신 건강한 혀를 절제하지 못해 교회 식구들의 가슴에 권총보다 무서운 설총을 들이댄 적은 없는가?

우리는 하나님이 주신 예쁜 눈을 미워하는 형제를 향해 눈총을 보낸 적은 없는가? 입술에 파수꾼을 세워달라고 애원하면서 내가 사랑하는 사람의 가슴에 대못을 박아 그 분이 엄청난 스트레스로 잠을 못 이루게 한 적이 많았음을 나는 고백한다.

절제self-control가 치유healing다.

이 절제의 절정은 십자가이며, 십자가 앞에 나가면 치유가 일어나는 것이다. 요즈음 우리는 절제하지 못해 오는 많은 스캔들의 전성시대에 살고 있는 것 같다. 절제에 대한 묵상은 지금까지 한 스트레스에 대한 성경의 처방을 정리하게 한다.

절제되지 못한 감정과 욕구불만의 스트레스는 결국 몸의 여기저기를 망가뜨린다. 건강한 몸은 대체로 절제가 쉽다. 그러나, 건강치 못한 몸은 더더욱 자기절제가 되지 않는다. 우리 몸은 항상성이 있어서 조금만 참고 절제하면 순간의 분한 감정은 시간이 지나면서 스스로 마음이 안정이 된다. 우리가 화가 나서 혈압을 올려도 일정시간이 지나면 다시 혈압이 정상으로 내려오고, 매우 자극적인 음식으로 속이 쓰려도 조금 있으면 괜찮아진다. Self-control is healing이다.

갈라디아서 5장 16절-24절은 육체의 일 15가지와 성령의 열매 9가지 열매를 대조시키고 있다. 육체의 일을 하는 사람들은 하나님의 나라를 유업으로 받지 못하며, 참된 그리스도인들은 십자가에 육체와 함께 이 모든 육체의 일을 못 박았다는 것이다. 왜 못 박는가? 우리의 육신은 다스려야할 대상이기 때문이다.

욕심이 문제다

오늘 우리 사회를 보면 내일의 소망 없이 오늘만 즐기다가 땅의 감옥(지옥)으로 떨어져가는 사람들의 모습인 디모데후서 3 : 1–5에서 말씀하시는 말세 징조를 보는 것 같다.

> "네가 이것을 알라 말세에 고통하는 때가 이르러 사람들이 자기를 사랑하며 돈을 사랑하며 자랑하며 교만하며 비방하며 부모를 거역하며 감사하지 아니하며 거룩하지 아니하며 무정하며 원통함을 풀지 아니하며 모함하며 절제하지 못하며 사나우며 선한 것을 좋아하지 아니하며 배신하며 조급하며 자만하며 쾌락을 사랑하기를 하나님 사랑하는 것보다 더하며 경건의 모양은 있으나 경건의 능력은 부인하니 이 같은 자들에게서 네가 돌아서라" **디모데후서 3 : 1–5**

인생에 욕심을 갖지 않고 자족하는 것이 슬기로운 줄은 알지만 그게 잘 안 된다.

오죽하면 예수님께서도 베드로에게 "시험에 들지 않게 깨어 있어 기도하라 마음에는 원이로되 육신이 약하도다 하시고"(마태복음 26 : 41)라고 하셨고, 사도 바울도 로마서를 통해 "오호라 나는 곤고한 사람이로다 이 사망의 몸에서 누가 나를 건져내랴"(로마서 7 : 24)라고 했겠는가?

"욕심이 잉태한 즉 죄를 낳고, 죄가 장성한즉 사망을 낳느니라"(야고보서 1 : 15)고 한다. 그리고, 욕심이 얼마나 웃기는지 시편78편 30절을 표준새번역으로 읽어보면 : "그러나 먹을 것이 아직도 입 속에 있는 데도, 그들은 더 먹으려는 욕망을 버리지 않았다"고 말한다. 입에 잔뜩 들어있는데 '조금 더' 병이 생겨 입으로 쑤셔 넣고 있다는 것이다. 이 욕심은 절제를 통해 성령님의 열매를 맺어야 한다.

아합왕의 욕심이 탐심이 되어 근심하고 답답하여 식사도 하지 않자, 그의 아내 이세벨의 과잉충성은 문제를 해결해주겠다는 약속을 하고 결국 살인이라는 끔직한 방법을 동원하여 아합왕의 욕심을 채워준다(열왕기상 21 : 4,7,13).

"이스르엘 사람 나봇이 아합에게 대답하여 이르기를 내 조상의 유산을 왕께 줄 수 없다 하므로 아합이 근심하고 답답하여 왕궁으로 돌아와 침상에 누워 얼굴을 돌리고 식사를 아니하니" 열왕기상 21 : 4

"그의 아내 이세벨이 그에게 이르되 왕이 지금 이스라엘 나라를 다스리시나이까 일어나 식사를 하시고 마음을 즐겁게 하소서 내가 이스

르엘 사람 나봇의 포도원을 왕께 드리리이다 하고" 열왕기상 21 : 7

"때에 불량자 두 사람이 들어와 그의 앞에 앉고 백성 앞에서 나봇에게 대하여 증언을 하여 이르기를 나봇이 하나님과 왕을 저주하였다 하매 무리가 그를 성읍 밖으로 끌고 나가서 돌로 쳐죽이고" 열왕기상 21 : 13

욕심 없는 사람은 없다. 이런 욕심을 절제하지 않으면 사탄이 틈타게 된다. 자신의 욕구를 채우기 위해 거짓을 말하고 훔치고 애매한 사람의 목숨도 뺏는다. 말썽을 일으키는 편도를 절제하고, 암이 전이되기 전에 암이 있는 부위를 절제해야 치유될 수 있듯이 우리에게도 절제해야 할 것이 많지만 그 중 몇 가지만 살펴보자.

절제를 통한 성령님의 열매 맺기

1 _ 진정한 사랑love은 성욕을 절제self-control할 줄 알아야 한다.

성령의 9가지 열매 중 맨 처음 나오는 사랑은 성령님의 9가지 열매들을 총괄적으로 말하는 것이며, 이는 고전13 : 4–7에 나타난 사랑의 정의를 보아도 알 수 있다. 육체적인 사랑은 참으로 아름답지만 그것이 정상적인 사랑이 아닐 때는 금단의 열매를 따 먹은 하와의 고통처럼 결과는 비참하다. 타락한 인간의 가장 힘든 절제가 성적인 절제일 것이다. 육적인 사랑은 절제하지 않으면 대형사고가 나므로 성욕의 절제가 있어야 한다.

끓어오르는 욕정을 참지 못해 일어나는 성경의 사건 중의 하나는 암논과 다말의 사건이 있다. 사무엘하 13장 다윗의 장남인 암논이 배다른 누이동생인 다말을 사랑하여 상사병을 앓는다. 그리고 그는 간교한 친구 요나답의 꾐에 빠져 강제로 다말을 강간한 후에 내쫓아버린다. 순결을 빼앗긴 다말은 친오빠인 압살롬의 집에서 묵게 되고, 사건이 있던 2년 후에 압살롬은 양털 깎는 날에 베푸는 축제에 암논을 초청하여 술로 인해 흥이 오를 때 신복들을 시켜 그를 살해한다. 다윗가의 근친상간의 비극은 이렇게 "이제 네가 나를 업신여기고 헷 사람 우리아의 아내를 빼앗아 네 아내로 삼은 즉 칼이 네 집에 영영히 떠나지 아니하리라"(사무엘하 12 : 10)는 경고대로 잘못된 육체적인 사랑의 욕정은 살인을 불러왔고, 다윗 가문을 불행으로 빠뜨렸다. 암논은 욕정을 절제하지 못해 죽음을 당했다. 그의 아버지이며 성경에서 가장 지성적인 사람 다윗도 49살에 밧세바와 대형 사고를 치고는 우리아를 죽였다. 타락한 우리 속에도 다윗과 같은 죄를 지을 요소가 내재되어 있다.

눈썹을 펜슬로 그려놓으면 잠시 후 없어지지만 눈썹을 바늘로 새기는 문신을 하면 영구적으로 갈 수도 있다. 하나님의 말씀을 바늘로 새겨놓아야 할 잠언箴言(바늘 잠, 말씀 언 : pithy saying : 간단한 말로 심곡을 찌른다)은 성생활의 rule을 말해주고 있다. 부부간의 건전한 거룩한 성생활이 가정을 살리고 사회를 치유하고 나라를 바로 세운다.

"그 물로 네게만 있게 하고 타인과 더불어 그것을 나누지 말라" 잠언 5 : 17

성경은 우리에게 스와핑(부부교환 성행위)하지 말라는 것도 가르쳐 준다. 한 상대방과 건전한 성생활을 하면 젊어진다고 한다. 정상적인 성생활은 1차적으로 감기를 예방하는 물질인 IgA를 30퍼센트 가량 증가시키고, 뇌졸중도 예방한다. 조강지처가 최고다.

부부간의 성생활은 순결하고 거룩하며 삶의 활력소다. 부부가 서로에게 간음할 기회를 주지 않아야 한다. 부부 간의 성관계는 하나님 면전에서 가장 아름다운 사랑의 행위이므로 "아담과 그의 아내 두 사람이 벌거벗었으나 부끄러워 아니하니라"(창세기 2 : 25)의 상태다. 따라서 우리는 성생활을 거룩하게 해야 한다. 아내는 낮에는 요조숙녀, 밤에는 자기 남편 앞에서는 요부가 되어야 하는데, 이상한 여자는 낮에 남의 남자 앞에서 유혹의 의심을 받을 행동과 의상을 하고 다니며 밤에 자기 남편 앞에서는 요조숙녀가 되는 경우가 있어 남편을 자기 근처에 오지도 못하게 한다.

현숙한 여인은 밤에도 잘 하고 낮에도 잘 하는 여인이다. 룻과 보아스의 성생활에서 우리 여성은 현숙한 여인 룻의 거룩한 성생활을 본 받아야 한다. 룻기는 우리 여성들이 어떻게 성생활에 임해야하는 지를 잘 보여주고 있다. 남자는 누드에 약하고, 여자는 무드에 약하다고 한다. 우리의 성생활도 하나님의 면전에서 치루어 짐을 알아야 한다. 죽자사자해도 완전한 사랑은 인간에게는 없다. 우리가 진정으로 사랑할 수 있음은 오직 성령님의 도움으로만 가능하다.

완전한 사랑은 하나님께서 비참한 상태의 인간을 끌어내기 위해 직접 육신을 입고 이 땅에 오신 예수님의 사랑이다. 예수님의 사랑은 저 넓은 하늘을 두루마리 삼고 바다를 먹물 삼아 기록해서 하늘만큼 땅만큼 쌓아도 다 기록할 수 없다. 이 사랑을 66권으로 요약한 예수님의 사랑의 편지Jesus' s Love Letter가 성경이다. 그래서 성경을 자신의 나이만큼은 읽으면 좋겠다. 스트레스의 측면에서 뱃속에 있는 약 10달 간의 기간을 나이에 넣는 우리나라 나이 계산법을 적용하여 이 기간에 엄마 아빠가 성경을 한 번 읽어주면 이보다 더 좋은 태교는 없을 것이다. 성경대로 살면 성령의 열매인 사랑의 열매가 우리에게 열린다. 호세아 선지자는 일찍이 마음을 빼앗는 것은 술과 계집이므로 조심하라고 했다.

"음행과 묵은 포도주와 새 포도주가 마음을 빼앗느니라" 호세아 4 : 11

2_ 성전인 자기 몸을 사랑love하는 사람은 식욕을 절제self-control한다

우리가 옛날 가난했을 때 빈곤의 질병으로 많은 사람들이 죽어갔으나 잘 살면서부터 풍요의 질병으로 금새 죽는 것도 아니고 고생하며 살고 있다. 음식을 많이 섭취하면 할수록 활성산소의 발생량이 많아져 노화를 촉진하고 수명 또한 짧아지는 것은 당연하다. 과식도 죄다.

극단적인 배고픔과 엄청난 과식은 모두 스트레스다. 텔레비전에 나오는 모델처럼 날씬해지려고 너무 절식하는 젊은 여성들이 많다. 지나친 다이어트는 체중저하, 변비, 설사, 빈혈, 영양실조, 피로, 탈모, 무월경, 불임, 저출산 등을 일으킨다.

성욕은 파트너가 있어야 하지만 식욕은 혼자서도 충분히 해결할 수 있기 때문에 스트레스를 받을수록 많이 먹어 비만해지는 사람이 많다. 인류의 죄의 시작도 식탐에서 시작된 것을 생각하고 식욕의 절제가 있어야 한다. 식욕의 절제는 끊임없는 자신을 향한 사랑으로 가능하다.

3 _ 인간적인 슬픔을 절제self-control하면 성령님의 희락joy을 선물로 받는다.

상담을 해보면 사람마다 가정마다 눈물샘이 없는 곳이 없다. 슬플 때 흐르는 눈물도 병의 치유에 큰 역할을 하지만 진정한 희락을 얻기 위해서는 인간적인 슬픔을 절제할 줄 알아야 한다.

사회가 메말라 갈수록 눈물이 메말라 안구건조증 환자가 많아지고 있다. 우리가 어릴 때만 해도 눈이 나빠 안경끼는 것이 흔치 않아서 안경 낀 사람을 '안경쟁이' 라고 놀리곤 했다. 그러나 요즈음은, 반에서 안경이나 렌즈를 끼는 학생이 더 많고 눈 건조증 환자가 젊은이들 가운데도 많아져서 인공 눈물을 많이 사용하고 있다. 사실 눈물은 울 때만 나오는 것이 아니고, 항상 나오며, 그 양은 1일 약 20방울이다. 울 때 콧물이 나오는 것은 눈과 코가 연결되어 있기 때문이다. 성경에는 눈물을 많이 흘린 사람이 있다. 다윗의 눈물병은 우리 모두 아는 것이고, 사도 바울이나 예레미야도 많이 울었다. 슬픔으로 말하면 예수님의 생애는 눈물 그 자체였을 것이다. 예수님은 자신을 위해서는 울지 않으셨고 지상사역 기간 중 딱 3번 눈물을 흘리셨다.

또 성경에는 불임으로 깊은 슬픔에 쌓인 여인들이 많지만, 그들의 행동은 절제를 하느냐 못하느냐에 따라 전혀 행동의 열매가 달랐다.

사무엘을 낳은 한나는 인간적인 불임의 스트레스를 기도로 하나님께 아뢰었다. 이것을 영적으로 둔한 제사장 엘리는 그가 취한 줄 알고 포도주를 끊으라고 했다(사무엘상 1 : 13).

불임의 여인 라헬은 남편 야곱을 목숨걸고 들볶는다.

> "라헬이 자기가 야곱에게서 아들을 낳지 못함을 보고 그의 언니를 시기하여 야곱에게 이르되 내게 자식을 낳게 하라 그렇지 아니하면 내가 죽겠노라" 창세기 30 : 1

그러다 안 되니까 시할머니 사라와 똑같은 전철을 밟아 남편을 그녀의 여종 빌하에게 들어가게 하여 '단과 납달리'가 태어나게 한다. 남편의 지극한 사랑 속에서 시기와 질투의 스트레스 속에서 살았던 아름다운 여인 라헬은 난산 끝에 야곱의 12번째 아들 베냐민을 낳고 결국 죽고 만다. 인간적인 슬픔의 해결의 끝을 보는 것 같아 안타깝다. 라헬의 모습은 불임의 인간적인 슬픔을 성전에서 눈물을 흘리며 하나님께 매달린 한나의 모습과 대조적이다.

성도의 상표는 기쁨(희락)joy이다. 그래서 우리 성도의 즐거운 얼굴은 전도지가 된다고 한다. 우리가 소망하는 하늘나라는 고통도, 슬픔도, 사망도 없다. 너무 슬퍼해도 폐를 상한다.

사상체질에서 태양인들 중에는 자기 고집을 꺾을 줄 모르며, 자기에게 슬픔을 준 사람이나 일은 오래 간직하는 분들이 많다. 이로 인하여 내장을 상하면 수명이 단축될 수 있다. 절제하라는 말씀은 우리를 향한 하나님의 사랑의 권유다. 기쁨은 슬픔을 없애준다. 슬픔이 있는 타락한 인간에게 희락을 가져오신 예수님의 사랑과 성령님의 도우심으로 슬픔을 절제하여 희락의 열매를 맺어가야 한다. 우리 모두 기쁨제조자joy-maker가 되어 건강하게 장수하자.

4 _ 체질적인 장 · 단점을 절제self-control하면 음양화평peace의 체질로 거듭난다

우리 그리스도인들은 특히 성질대로 살면 안 된다. 타고난 체질의 절제를 해야 한다. 자기 성질 다 죽었다고 하면서도 고래고래 고함을 지르고 삿대질을 하면서 싸우는 분도 있다. 아이를 길들일 때 때려야 할지 달래야 할지 고민하지만 그 답은 아이의 체질에 따라 다르다. 어떤 체질이든지 육적인 체질에는 장단점이 있다. 같은 기질이라도 하나님의 영에 사로잡히면 장점이 되고, 자기 욕심에 사로잡히면 단점이 된다.

하나님의 작품인 개개인은 부모의 형질이 자식에게 유전되어, 지구에 살다간 사람도, 현재 지구에 살고 있는 사람도, 이 시간 이후 태어날 수많은 사람도, 얼굴형태, 체질, 혈액형, 성격 등 일란성 쌍둥이라 해도 하나님께서 보시면 똑같은 사람은 하나도 없다.

아이들을 기를 때도 체질에 맞는 성경적 건강법을 바르게 선택하면 공부도 훨씬 잘하고 건강해질 수 있다. 이것이 하나님 면전에서 부모로서의 사역이라고 생각한다.

체질 분류법은 수십 가지가 있지만 어떤 방법을 써도 원리는 대체로 비슷하다. 쌍둥이는 체질이 같을까? 쌍둥이니까 동갑이고, 한날 한시에 태어났다고 할 수 있지만, 그들의 먹을거리가 달랐고, 취미가 달랐고, 하나님 앞에 소명이 달랐다. 따라서 그리스도 안에서 새로워질 수 있다.

한자 문화권에서는 오행五行을 이야기 한다. 오행에다가 '행行' 자를 붙인 이유는 다섯 가지 요소가 고정된 것이 아니고 끊임없이 움직이기 때문이다.

히포크라테스의 체질 분류법으로 보면, 회개하기 전의 베드로는 다혈질에 속하고, 이제마 선생의 분류법으로는 태양인에 속한다고 볼 수 있다. 그래서 베드로는 약간의 바람이 불어서는 눈도 꿈쩍 안 한다는 것을 예수님은 아셨다. 그래서 갈릴리 호수에 강풍이 불어야 했다. 다혈질인 사람의 장점은 외향적인 기질로 낙천적이며, 사람들과 함께 있기를 좋아하고 대화를 즐겨 친구가 많으며, 솔직하고 순수하며 열심히 있고, 모험심도 강하다. 그러나 단점은 불안정하며, 판단이 경솔하고, 쉽게 결정하고, 흥분하며, 화를 잘 내고 감정을 잘 노출하고, 거칠며, 조직적이지 못하고 뒷처리가 미숙하며 자기 위주의 사고와 행동을 한다. 이런 다혈질인 사람의 치유는 약점을 가지고 주님께 나아가야하며, 성령충만이 필요하다(베드로전서 3 : 15, 5 : 5).

인간의 체질적인 분류는 방향만 나타낼 뿐이다. 인간적인 체질의 분류법에 지나치게 치우치지 말고 나를 지으신 하나님께 기도하면 우리의 머리카락까지도 다 세시는 하나님께서 네비게이션보다 더 정확하게 우리의 길을 인도해 주시며 함께 해 주실 것이다. 예수님은 이런 베드로의 체질을 아시고 그의 열정을 쓰셨으며, 그를 수제자로 삼으신 것이라고 생각된다.

만약 태양인이 절제할 줄 모르고, 자기 고집을 꺾을 줄 모르고 튀는 기질 그대로 가지고 있으면 어려움을 당할 수도 있다. 그래서 성경은 우리에게 "교만은 패망의 선봉이요, 거만한 마음은 넘어짐의 앞잡이니라"(잠언 16 : 18). "항상 자기보다 남을 낫게 여기고"(빌립보서 2 : 3)라고 가슴을 찌르는 말씀을 주시며, 고집을 꺾고 자기 주장을 강요하지 않도록 훈련하라고 권한다. 우리의 모습 그대로 주님께 나오면 하나님의 영광을 위해 아름답게 쓰임받을 수가 있다. 성령님이 함께 하신 후의 베드로를 태양인, 다혈질이라고만 볼 수는 없다.

체질은 바뀌지 않고, 모든 체질에는 장단점이 있으며, 어떤 체질법으로 하든 결과는 비슷하다. 우리와 우리 자녀들의 체질적인 절제로 너무 양기가 강한 것은 내리고, 너무 음기가 강한 것은 양기를 높여 음과 양이 잘 조화된 화평인 성령님의 체질로 거듭나면 앞으로 올 병도 예방되고, 이미 생긴 병도 치유되는 데 도움이 될 수 있다.

"그런즉 누구든지 그리스도 안에 있으면 새로운 피조물이라 이전 것은 지나갔으니 보라 새것이 되었도다"(고린도후서 5 : 17)는 말씀을 새겨 듣자. 우리의 체질을 아시는 하나님께서 우리의 영육의 모든 병을 고치시어 성령님의 9가지 열매를 주렁주렁 맺는 새로운 피조물로 거듭나야 하신다.

- 시편 103 : 14 이는 그가 우리의 체질을 아시며 우리가 단지 먼지임을 기억하심이로다

  NIV : for he knows how we are formed, he remembers that we are dust.
- 시편 103 : 3 저가 네 모든 죄악을 사하시며 네 모든 병을 고치시며

  NIV : who forgives all your sins and heals all your diseases,
- 고린도후서 5 : 17 건강한 영과 육 : 그런즉 누구든지 그리스도 안에 있으면 새로운 피조물이라 이전 것은 지나갔으니 보라 새것이 되었도다.

새 것이 된 결과는 시편 150편의 여호와를 찬양하는 것이다.

● 시편 150 : 1–5 할렐루야 그의 성소에서 하나님을 찬양하며 그 권능의 궁창에서 그를 찬양할지어다 그의 능하신 행동을 찬양하며 그의 지극히 위대하심을 따라 찬양할지이다 나팔 소리로 찬양하며 비파와 수금으로 찬양할지어다 소고 치며 춤 추어 찬양하며 현악과 퉁소로 찬양할지어다 큰 소리 나는 제금으로 찬양하며 높은 소리 나는 제금으로 찬양할지어다 호흡이 있는 자마다 여호와를 찬양할지어다 할렐루야!

질병을 치료하고 죽은 영혼까지 소생시킬 수 있는 것은 죄 해독제인 예수 그리스도의 흘리신 피 밖에 없다. '예수' 라는 이름은 '여호와가 구원하신다' 는 뜻이다.

수고하고 무거운 짐진 자들은 예수님께로 가면, 바로 고쳐주시기도 하시고, 어느 의사를 통할 것인지 구체적인 지시를 해주실 것이다.

사람의 세포 유전자는 하나님 말씀에서 힘을 얻는다. 하나님 말씀을 믿고 먹으면 치료함을 받는다. 하나님 말씀이 치료제 중의 치료제인 DOCDrug Of Choice이다.

사람은 호적 나이보다 건강 나이가 더 중요하다. 외국에서는 특별한 경우를 제외하고는 생년월일을 적지 않고 생일만 적는다. 그래서 내가 관여하는 모임에서는 어차피 환갑잔치 해줄 것도 아니니까 생년은 빼고 생일만 적도록 한다. 섣불리 체질에 매이지 말자. 세상에서 참 인간은 오직 한 분 예수님 밖에 없다. 참 인간으로 오신 예수님은 33년을 사시고, 하나님께 전적으로 순종하며 "다 이루었다"고 하신 후 운명하셨다.

인류 역사 이래 최대의 갑부였던 다윗왕의 10번째 아들 솔로몬 왕은 기원전 970년부터 40년간 이스라엘의 3대왕으로 통치한 지혜의 표본이었다. 그러나 지혜서를 쓴 솔로몬은 지혜의 길로 가지 않고 망하는 길로 갔다. 인류 최대의 부와 명예와 여자들 속에서 살았던 그는 전도서에서 "헛되고 헛되며 헛되고 헛되니 모든 것이 헛되도다"로 시작하여, "창조주를 기억하라"와 "하나님을 경외하고 그 명령을 지킬지어다"로 끝을 낸다.

5 _ 시간의 절제self-control로 오래참음patience이 가능하다

기도의 응답이 너무 느리다고 생각한 적은 없는가? 하나님께서는 그 분의 시각에 정확하게 오신다.

시간을 기다리지 못해 인생을 망친 왕이 있다. 이스라엘 초대 왕이었던 사울은 블레셋과의 최초 결전을 하기 전에 하나님께 제물을 드리는 제사장의 일을, 사무엘이 나타나지 않자 급한 마음에 직접 집행했다가 뒤늦게 나타난 제사장 사무엘에게 심하게 책망을 받는다. 그리고 여호와의 명령을 어겼기 때문에 왕의 位(위)가 끊일 것이라는 선언을 받는다.

"사무엘이 사울에게 이르되 왕이 망령되이 행하였도다 왕이 왕의 하나님 여호와께서 왕에게 내리신 명령을 지키지 아니하였도다 그리하였더면 여호와께서 이스라엘 위에 왕의 나라를 영원히 세우셨을 것이어늘 지금은 왕의 나라가 길지 못할 것이라 여호와께서 왕에게 명령하신 바를 왕이 지키지 아니하였으므로 여호와께서 그 마음에 맞는 사람을 구하여 여호와께서 그를 그의 백성의 지도자를 삼으셨느니라 하고" 사무엘상 13 : 13-14

이는 시각을 기다리지 못해 잘못된 경우다.

반면, 오래참음의 성공의 예가 있다. 사울보다 50살이나 어린 사울의 부하이자 사위인 다윗은 12살 즈음에 사무엘에게 기름부음을 받고, 약 18년 후인 30세 때 자기 지파에서만 왕이 되고, 그 후 38세 때에 완전히 나라를 다스리는 왕이 된다. 시간을 기다리고 참을 줄 알았던 다윗은 오래참음의 성공적인 표본이다.

아브라함은 하나님의 약속을 받고도 그 때를 기다리지 못해 하갈을 통해 이스마엘을 낳아 지금까지 중동에 비극의 역사가 계속되고 있는 것을 우리는 보고 있다.

무한하신 하나님은 유한한 인간이 이해하고 믿게 하기 위해 인간의 모습으로 가장 적합한 때에 '나사렛 예수'로 우리에게 오셨다. 그리고 예수님께서 29세가 될 때까지는 아무 일도 일어나지 않다가, 30세에 비로소 세례요한에게 세례를 받으시고 하나님의 음성을 듣게 된다. 예수님人子은 하나님에 대한 믿음으로, 십자가(낮아지심)에 죽기까지 순종하셨다. 하나님의 권능으로 살리시고 부활하신 그리스도께서 믿는 자를 위해 처소를 예비하시고자 승천하시어 하나님 보좌 우편(높아지심)에서 우리를 위해 중보기도를 드리시며 때가 되면 세상을 심판하시고 자기 백성들의 완전한 구원을 위해 재림하실 것이다.

우리나라에 자살하는 사람이 너무 늘고 있는 것은 스트레스로 순간을 참지 못해서인 경우가 많을 것이라고 생각된다. 만사에 때가 있다. 조급하게 생각하지 말고 하나님께서 허락하신 때가 올 때까지 오래참음의 절제로 기다리는 그리스도인의 삶을 살아야 한다.

6 _ 미움을 절제self-control하면 자비kindness의 열매를 맺을 수 있다

우리는 자아가 너무 강하다. 내가 믿는다는 것은 '나'는 죽고 성령님이 내 안에 사셔서 새로운 사람이 내 속에서 부활해야 한다. 갈라디아서 5 : 19-21의 성령님이 금하시는 육체의 일 15가지도 우리 힘으로 금할 수 없고, 성령님의 도우심으로 가능하다. 미움의 대상은 매주일 예수 그리스도의 십자가의 피로 세운 교회에 가서 내려놓고 자비로운 마음을 품고 세상으로 나아가야 한다.

스데반을 죽이는 데 앞장 선 사울이 다메섹 도상에서 부활하신 주님을 만나고는 이방인의 사도로 생명을 살리는 일을 했다.

재물욕의 절제도 필요하다. 인터넷의 대명사인 월드와이드웹www의 발명자로 스위스의 제네바에 위치한 유럽소립자 물리학 연구소CERN의 팀 버너스 리 박사는 월드와이드웹에 대해 특허를 출원하라는 주변의 권고를 받았지만, 이를 물리치고 1991년 이를 무료로 공개했다고 한다. 그가 만일 이 일로 돈을 벌고자 했다면 14년째 세계 제1의 갑부인 빌 게이츠 못지않은 거부가 됐을지도 모른다고 한다. 그러나 만약 그가 그렇게 했더라면 오늘날과 같은 인터넷 시대가 열리기는 어려웠을 것이라고 사람들은 생각한다.

빌 게이츠도 물론 돈을 많이 벌어 잘 나누고 있지만, 팀 버너리 박사는 아예 자신의 것을 몽땅 내 놓았다. 두 분 모두 훌륭한 분들이다. 성령님의 열매인 자비가 우리 가운데 생기면 더러운 세상 물욕을 다 태워 절제가 가능하다.

성경은 "세상 물건을 쓰는 자들은 다 쓰지 못하는 자 같이 하라 이 세상의 외형은 지나감이니라"(고린도전서 7 : 29, 31)고 한다. 무절제한 식욕, 그리고 집이나 의복에 대한 지나친 야망, 명품에 대한 지나친 열망 등을 절제해야 한다. 우리 모두 사도의 모범을 따라서 "나는 비천에 처할 줄도 알고 풍부에 처할 줄도 알아 모든 일곧 배부름과 배고픔과 풍부와 궁핍에도 처할 줄 아는 일체의 비결을 배웠노라"(빌립보서 4 : 12)를 배워야 할 것이다. 하나님이 주신

물질들은 우리에게 잠시 맡겨진 것들로 후에 그것들을 사용한 모든 일에 대해서 각자 하나님 앞에서 정산精算할 때가 올 것이다. 우리는 언제나, "네가 보던 일을 셈하라"(누가복음 16 : 2)는 말씀을 되새기면서 물질을 운용해야 할 것이다. 우리에게 가장 자비롭고 인자하신 분은 비참한 상태로 떨어진 우리에게 친히 인간으로 오신 하나님이다.

7 _ 악한 마음의 절제self-control는 양선goodness의 열매를 맺는다.

우리에게는 사악한 마음이 있다. 이 사악한 마음이 절제될 때 양선goodness의 열매를 맺을 수 있다. 이스라엘 초대 왕 사울은 궁전의 밴드 악사로 다윗을 청해 다윗의 음악을 듣고 지병인 속병이 나았음에도 불구하고, 블레셋과의 전쟁 때 소년 다윗이 물맷돌 하나로 이 전쟁을 이기게 되자 백성들이 환호하며 '사울이 죽인 자는 천천이요, 다윗이 죽인 자는 만만이다' 고 하는 노래 소리를 듣고 이것을 못 참고 다윗을 죽이기 위해 부하 3천 명을 데리고 만 10년 동안 국정도 돌보지 않고 그를 쫓아다녔다.

반면에 쫓기던 다윗은 자신이 숨은 동굴에 사울왕이 용변 보러 들어와 지척까지 왔을 때, 칼을 뒤에서 꽂으면 죽게 되는데도 하나님이 기름부은 자를 죽이지 않겠다고 죽이지 않았다. 예수님을 믿는 사람들은 양질의 선한 사람이 되어야 한다. 사람에도 명품이 있다. 명품을 걸친다고 명품이 되는 것은 아니다. 예수님 밖에 사는 사람과 예수님 안에 사는 사람은 원수에 대한 태도가 다르다.

8 _ 배반의 절제self-control는 충성faithfulness의 열매를 맺는다.

아무리 내가 손해를 봐도 배반을 해서는 안 되는 경우가 있다. 폭력배의 사회에도 한 번 충성을 맹세했다가 배반을 하려면 죽음을 각오해야 하는 것을 영화에서 본 적이 있다. 우리는 수시로 남을 배반하고 배신당하면서 살고 있다.

예수님을 배신한 가룟 유다가 있다. 사도로 선택된 다음 명예를 탐내서 주님의 오른편 자리를 탐하지도 않았지만 돈을 매우 사랑하여 스승인 예수님을 팔아 넘겼다. 이런 가룟 유다는 예수님을 믿은 것이 아니라 종교를 믿은 것이라고 볼 수 있다. 왜냐하면 그는 한 번도 예수님을 주님이라 부른 적이 없고 '선생님' 이라고 불렀기 때문이다. 예수님은 왕으로 오셨으나 사람들로부터 모욕과 비난을 받으시고, 심판자이시지만 오히려 빌라도의 법정에서 심문을 받으셨다. 자기를 좇는 군중들과 제자들에게 배반을 당하셨다.

가룟 유다만 배반자일까? 급할 때는 숨이 넘어가도록 새벽마다 밤마다 주님을 찾고, 나의 뜻이 이루어지기만 하면 가차 없이 등을 돌려버리는 배신자가 우리 자신이 아닌가? 우리 같은 배신자도 성령님의 도우심으로 죽도록 충성하는 제자가 될 수 있다. 예수님이 잡히시던 밤에 세 번이나 예수님을 부인한 베드로를 예수님은 찾아 주시고 소명을 주심으로 제자를 세웠다. 어느 교수님의 말씀대로 살면 충성! 죽으면 영광! 사명이 목숨보다 중요하다!

9 _ 분을 절제self-control하면 온유gentleness한 사람이 된다.

우리가 하기 힘든 절제 중의 하나가 '분'의 절제다. 분을 절제할 수 있는 온전한 사람은 없다. 너무 분을 내도 병이 생기고, 너무 참아도 오장육부에 병이 생긴다. 억울하고 분한 일이 축적되어 화병이 생긴다. '분'의 절제에 대한 예수님의 처방은 에베소서 4장 26절에 나와 있다. "분을 내어도 죄를 짓지 말며 해가 지도록 분을 품지 말고"(에베소서 4 : 26)라고 타이르고 계신다.

해가 지도록 분을 풀지 않고 있으면 우리 몸을 다친다. 유대인 사회에서 '해가 짐'은 다음 날의 시작이기에 오늘의 언어로 한다면 잠자리에 들기 전에 분을 풀어야 한다. 성경은 우리에게 원수를 위해서가 아니라 우리를 위해 사랑은 "무례히 행치 아니하며 자기의 유익을 구치 아니하며 성내지 아니하며 악한 것을 생각하지 아니하며"(고린도전서 13 : 5)라고 가르치고 있다. 그럼에도 불구하고 분이 날 때는 어떻게 해야 하는 지 분명히 가르치고 계신다. 분을 내어도 해가 지기 전에 풀고 곤하게 잘 자고 아침에 거뜬하게 일어나는 생체리듬을 잘 관리하라고 권한다.

압살롬은 그 누이 다말을 근친상간한 암논에게 복수하기 위해 그 분을 2년이나 참았다가 양털 깎는 날 암논을 초청하였다. 그리고 절제되지 못한 '분'은 끔찍한 살인을 불러왔다. 압살롬이 그 날로 해지기 전 성령님의 긍휼로 그 분을 풀었다면 그는 암논을 살해하지 않았을 것이다.

히브리인의 노예로 태어나 바로의 궁전에서 애굽 최고의 엘리트 교육을 받은 모세를 보자. '논어'에 인생 40이면 세상 일에 흔들리지 않게 된다 하여 불혹의 나이인 40세 때 자기 동포의 고역을 보러 나갔다가 애족심에 불타 혈기를 참지 못하고 애굽인을 쳐 죽여 모래에 감추었던 살인자였다. 그러나 그가 광야생활 40년을 통해 자아가 깨지는 연단의 과정을 거쳐 겸손한 지도자가 되고 땅 위에 있는 사람 가운데서 가장 온유한 사람이라는 칭찬을 들었다.

온유한 사람 모세의 향년은 홍수 이후 사람의 최대 수명인 120살을 살았음은 우연이 아니다. 생명의 원천인 피의 일생도 120일이다. 더욱이 모세는 120세에 죽을 때도 눈이 흐리지 않았고, 기력이 쇠하지 않았을 만큼 건강했다고 성경은 말한다. 이는 온유함으로 스트레스를 잘 관리했기 때문이기도 했을 것이다.

분을 절제하면 온유한 사람이 된다. 예수님의 종은 온유해야 한다. 그래서 한 입에서 저주와 축복이 함께 나오면 안 된다. 야고보 기자는 말에 실수가 없는 자가 온유한 자라고 했다. 살인자 모세도 땅 위에서 가장 온유한 사람이 되었다. 성령님에게 붙잡히면 우리 모두 온유한 사람이 될 수 있다.

하나님은 온유한 자에게 지도력과 권세를 주시고, 온유한 자에게 사람이 모인다. 예수님의 마음은 온유하고 겸손하다. 온유하신 예수 그리스도의 향기로 복음의 전도자가 되어야 한다.

10 _ 힘의 절제self-control는 십자가다

어떤 절제보다 인간이 하기 힘든 것이 힘의 절제일 것이다. 성욕보다 식욕보다 더 절제하기 힘든 것이 가진 힘의 절제다.

천로역정에 보면 죄는 너무나 크고 힘센 폭군이라서, 하나님 이외에는 그 속박을 끊을 수가 없다고 했다. 예수님은 하나님의 힘인 사랑으로 오셨다. 가장 힘이 센 분 하나님이 인간이 되셔서 십자가에서 12사단이 되는 천군천사를 동원해서 그 원수들을 작살을 내실 수 있으셨다. 우리라면 그렇게 했을 것이다. 그러면 우리 모두는 멸망했을 것이다. 그러나 예수님은 자신의 에너지를 십자가에서 절제하셨고, 우리를 위해 최고의 절제를 보여 주셨다. 가장 큰 힘의 절제는 십자가다. 오늘도 예수님은 하늘에서 이 세상을 심판하실 수 있으나 우리의 온전한 구원이 이루어질 때까지 절제하며 참고 기다리고 계신다.

약육강식의 세상을 살아가려면 힘이 필요하지만, 그 힘은 하나님이 주신 것이므로 절제해야 한다. 우리는 스스로 우리의 가진 힘을 절제할 수 없으나 성령님이 주시는 힘으로 예수님과 함께 나를 십자가에 못 박을 때 육의 힘을 절제할 수 있다. 우리의 힘과 에너지는 하나님을 사랑하고 옳은 일을 하는데 사용해야 한다.

이런 절제를 하기 위해 결론적으로,

첫째, 시편 기자의 말대로 "우리의 연수가 칠십이요, 강건하면 팔십이라도 그 연수의 자랑은 수고와 슬픔뿐이요 신속히 가니 우리가 날아가나이다"(시편 90 : 10)의 진리를 인식하고, 사도 바울의 권면대로 "우리가 세상에 아무것도 가지고 온 것이 없으매, 또한 아무것도 가지고 가지 못하리니, 우리가 먹을 것과 입을 것이 있은즉 족한 줄로 알 것이니라"(디모데전서 6 : 7-8)를 실천하는 것이다. "혹 내가 배불러서 하나님을 모른다 여호와가 누구냐 할까 하오며 혹 내가 가난하여 도적질하고 내 하나님의 이름을 욕되게 할까 두려워 함이니이다"(잠언 30 : 9)라고 성경은 우리에게 말씀하고 있다. 떠오르는 해를 보는 것보다 지는 석양을 바라보는 것이 좋다. 남은 인생을 바라보며, 언제든 부르면 고향으로 돌아갈 준비를 하고 있는 순례자의 삶을 사는 사람만이 절제의 삶을 살 수 있으며, 최후의 승리자가 될 것이다. 최후에 웃는 자가 승리자라고 하지 않던가!

둘째, 성령의 9가지 열매를 온전히 맺으신 분은 참 인간이신 예수님뿐이다. '참 '의 반대는 '빔' 이다. 비어 있는 우리의 마음을 예수님의 성품으로 꽉 채우면 참인간이 된다. 그러기 위해서는 매일 매일 우리 스스로를 쳐서 복종해야 한다.

인생이 강건하면 80년 정도라고 했다. 8자를 손가락으로 써 보자. 그리고 이 글자를 옆으로 뉘어보자. ∞(무한대)이다. 하나님 말씀대로 80년만 절제하며 산다면 영원을 살 수 있다. 육체의 욕심과 욕망을 버리고, 비어 있는 우리에게 예수님이 채워지면 '참 인간' 이 되고, 장점도 많고 단점도 많은 우리의 체질은 음과 양이 절제된 음양화평의 체질로 될 것이다.

사람은 수억 대 일의 경쟁을 뚫고 세상에 나온 대단히 존귀한 존재다. 따라서 하루 하루가 귀중한 날이다. 평균 80년 남짓한 세월의 삶은 우리를 영원한 하나님의 나라로 들어가느냐 못 들어가느냐의 판가름이 되는 중요한 삶이다.

최초 인간 아담이 사탄의 꾐에 빠져 하나님과 같이 되고자 하는 욕심에서 불순종하게 되고, 결국은 에덴동산에서 쫓겨나 사탄의 노예가 되어 고통을 당했다. 하나님은 인간을 다시는 저주하지 않겠다고 스스로 작정하시고, 인간에게 구원을 약속하시고, 드디어 타락한 인간을 찾아서 이 세상으로 구체적인 물질을 입고 '성육신 incarnation' 하셨다. 하나님의 아들은 자신의 죽음을 통하여 인간을 참인간 되게 하셨으므로 하나님의 아들 예수 그리스도 안에 있을 때 우리는 새로운 피조물이 되는 것이다(고린도후서 5 : 17).

"너희가 악한 자라도 좋은 것으로 자식에게 줄줄 알거든 하물며 하늘에 계신 너희 아버지께서 구하는 자에게 좋은 것으로 주시지 않겠느냐"(마태복음 7 : 11)와 동일한 본문인 "너희가 악할찌라도 좋은 것을 자식에게 줄줄 알거든 하물며 너희 하늘 아버지께서 구하는 자에게 성령을 주시지 않겠느냐 하시니라"(누가복음 11 : 13)에서 보아도 결국 최상의 복은 "성령님"이시다. 성령님의 열매 맺는 삶이 인간 최상의 복된 삶이다. 따라서 우리는 첫째 아담으로부터 전가된 원죄를 포함한 모든 죄를 매일, 매주, 매달, 매년 십자가에 못박아야한다.

셋째, 진정한 자유를 누리는 것이다. 자유란 내 맘대로 하는 것이 아니라 예수님의 말씀대로 살며 성령님의 열매를 맺는 것이다. 결코 우리의 죄악된 성품은 변할 수 없으며, 참 자유는 하나님의 '아들'을 통해 온다. 자유는 그리스도의 피 값으로 산 것이다. 예수님 안에서 자유인이 된 우리는 오직 그리스도의 십자가 공로(골로새서 2 : 14)를 믿음으로써 하나님께 의인으로서 받아들여질 수 있다.

이러한 자유는 세상적 방종이 아니고, '나의 죽음'이 일어나고 성령님이 사셔서 새로운 사람이 내 안에서 태어나는 부활을 통해서만 가능한 것이다(로마서 6 : 11).

요한복음 8 : 32 "진리를 알지니 진리가 너희를 자유롭게 하리라"

고린도전서 10 : 23 "모든 것이 가하나 모든 것이 유익한 것이 아니요 모든 것이 가하나 모든 것이 덕을 세우는 것은 아니니"

진정한 풍요 속에서 자유하고 싶으면 절제하고 자족해야 한다. 성령님의 열매를 맺는다는 것은 예수 그리스도의 인격을 재현하는 것이다. 참인간이신 예수님처럼 성령님의 9가지 열매를 주렁주렁 맺는 풍요로운 삶을 살려면 절제해야 한다. 욕심, 그것을 버리는 순간부터 행복하다. 우리의 욕정과 욕심을 십자가에 꼼짝 못하게 못박는 결단을 해보자. 갈라디아서 5 : 24의 '사람들' 대신 '자기 이름' 을 넣어 "그리스도 예수의 사람 (이운진)은 육체와 함께 그 정욕과 탐심을 십자가에 못 박았느니라"(갈라디아서 5 : 24). 이제 우리는 하나님 앞에서 함께하는 자유인이 되었다. 성령님의 열매는 예수 그리스도의 인격을 재현하는 것이다. '사랑' 이란 압축 파일로 성령님의 열매를 맺는 삶은 예수 그리스도의 형상을 본받는 삶이다. 우리 스스로는 우리의 체질을 바꿀 수 없다. 내 모습 이대로 예수님 앞에 나오면 은혜로 절제self-control할 수 있으며 성령님의 도우심으로 열매를 맺을 수 있다. Self-control is Healing!

12 샬롬의 상태

잠언 3장 1-2절

내 아들아 나의 법을 잊어버리지 말고
네 마음으로 나의 명령을 지키라.
그리하면 그것이 너를 장수하여 많은 해를 누리게 하며
평강(샬롬)을 더하게 하리라

예수 그리스도의 피

집 중의 집은 교회이고, 책 중의 책이 성경이라고 한다면, 피 중의 피는 예수님의 보혈이다. 어떤 사람의 피나 동물의 피를 가지고 죄사함을 받는 것이 아니다. 예수님의 피로만 죄사함이 있다.

"육체의 생명은 피에 있음이라 내가 이 피를 너희에게 주어 제단에 뿌려 너희의 생명을 위하여 속죄하게 하였나니 생명이 피에 있으므로 피가 죄를 속하느니라" 레위기 17 : 11

우리의 생명을 값을 지불하고 찾아야하시는 예수님은 머리카락이나 어디 살점 하나 도려내어 대속하실 수 없다. 생명이 있는 피로 우리를 사야 하시는 이유가 바로 여기에 있다. 모든 만성질환의 치료법도 결국 피를 깨끗이 하는 것이 기본이다. 우리대신 대속代贖의 십자가를 지고 죽으신 예수 그리스도의 구원의 은총을 과학적으로 생각하면 더욱 감사가 흘러나온다.

몇 해 전인가 혈액형에 따른 성격분석으로 젊은이들 사이에 유행한 적이 있었다. 누구를 만나면 혈액형이 무엇인지 묻고 그 사람의 성격과 직업, 맞는 음식, 장래 등을 재미로 추측하는 것이었다. 그래서 일본 가서 그에 관련된 책을 사서 읽은 적이 있었다. 다 읽고 난 결과는 그것도 인간의 체질을 4가지 혈액형에 따라 나눈 것으로 기존의 체질 분류법과 별반 다른 것을 발견하지 못했다. 당시 혈액형을 주제로 한 'B형 남자 친구' 라는 영화와 'B형 남자' 라는 노래가 유행했던 때라 더욱 그랬던 것 같다. 유행이 지나서인지 요즈음은 혈액형을 묻는 사람이 별로 없다.

"너희는 기름과 피를 먹지 말라 이는 너희의 모든 처소에서 대대로 지킬 영원한 규례니라" 레위기 3 : 17

기름과 피를 먹지 말아야 하는 이유는 코셔kosher 음식에서 그 이유를 찾을 수 있으며, 웰빙이 유행하면서 여기에 관한 관심이 많아지고 있고 시장은 팽창해갈 것이다.

피는 생명이다. 따라서 임신이 되면 여성의 생리가 멈추고 그 피가 모여 아기를 만드는 것이다. 피 속에서는 출생과 장례가 계속 일어나고 있다. 피는 주로 골수에서 생성되는데 적혈구의 수명은 120일이므로 매일 120분의 1이 죽고 만들어지는 것이다. 사람의 몸 속엔 체중의 8퍼센트 정도에 해당하는 4~6리터의 피가 흐르고 있으며, 이 피의 1/3이 출혈하면 죽는다.

북이스라엘의 아합왕은 자신의 안전을 위해 치밀한 계획을 세우고 변장까지하고 전쟁터에 나갔지만, 한 사람이 쏜 화살에 중상을 입고 상처의 피가 병거 바닥에 고일 정도로 흘러 죽었다.

> "이 날에 전쟁이 맹렬하였으므로 왕이 병거 가운데에 붙들려 서서 아람 사람을 막다가 저녁에 이르러 죽었는데 상처의 피가 흘러 병거 바닥에 고였더라" "왕이 이미 죽으매 그 시체를 메어 사마리아에 이르러 왕을 사마리아에 장사하니라" **열왕기상 22 : 35,37**

이 피는 혈관 내를 흐르면서 산소와 영양분을 우리 몸의 기관에 공급하고, 이산화탄소와 기타 찌꺼기를 몸 밖으로 내보낸다. 우리가 병이 생기면 물론 전문의를 찾아야 하지만 아직 병이 생기기 전에는 어떤 병이 왔는지는 피검사를 해서 상당히 많은 질환을 예측할 수 있다. 그러므로 동물도 마찬가지로 동물의 피를 먹으면 그 동물이 가지고 있는 여러 가지 노폐물과 피 속의 여러 물질들을 먹게 되며, 더구나 죽기 직전까지 받았던 스트레스로 인해 오는 모든 피 속의 해로운 성분들을 사람이 먹게 된다. 그래서 암에 좋다는 많은 민간약은 정혈작용을 가진 것이 많다.

우리 예수님의 피로 우리의 죄를 대속할 수 있는 여러 가지 이유 중에서 개인적인 생각은 이렇다. 예수 그리스도의 피는 우선 난자와 정자의 만남으로 이어진 것이 아니어서 원시 우리 조상 아담 할아버지와 하와 할머니의 그 원죄가 섞이지 않은 깨끗한 피를 가졌다고 본다. 또한 완전한 참인간이신 예수님은 자범죄도 짓지 않으셨다. 예수님은 성령의 아홉 가지 열매를 맺으신 유일한 인간이시다. 그래서 스트레스를 잘 조절하신 예수님의 피 속에는 불순물이 전혀 없으셨다고 볼 수 있다. 물론 인간인지라 자연적인 노화도 있으셨고, 과로하시면 피로도 하셨을 것이다. 그러나 죽었던 우리를 살리시는 생명이신 그 피는 완전히 깨끗한 피였기 때문에 더러운 우리를 구속하실 수 있으셨다.

따라서 인간의 모든 병은 죄, 사탄, 피의 문제를 해결하지 않고는 치료될 수 없다. 그래서 예수 그리스도의 피 외에는 우리를 사탄으로부터, 병으로부터, 죄로부터 자유롭게 할 수 있는 것이 없다. 히브리서 9장 22절에 의한 공식은 '피흘림=죄사함' 으로 나타낼 수 있다.

"율법을 따라 거의 모든 물건이 피로써 정결하게 되나니 피흘림이 없은즉 사함이 없느니라" 히브리서 9 : 22

예수 그리스도의 보혈로 죄사함 받고서 자유를 만끽하자. 따라서 공예배의 고백인 주님의 만찬을 십자가상의 예수님의 보혈로 받으면서 나의 자아가 깨어지고, 예수님의 것으로 화하는 경험을 하는 것이며, 우리의 영육이 치료되는 것이다.

따라서 예수님의 피를 마시지 않으면 우리 속에는 생명이 없는 것이다(요한복음 6 : 53-55).

샬롬

불행하게도 많은 사람들이 실제로 병들어 있지도 않으면서 한편으론 건강하지도 못한 채 그들의 잠재 건강능력의 불과 50퍼센트 밖에 발휘하지 않고 사는 둥 마는 둥 살아가고 있다. 내가 만나는 분들은 완전 환자보다는 오히려 반 건강인이 많다. 스트레스로 일어나는 병은 온 몸 어디 안 오는 곳이 없으므로 식이요법, 한방, 영양요법, 생활 관리, 운동 요법 등을 이용해 스트레스로 생긴 가벼운 증상을 예방 및 치료한다. 물론 항우울제, 항불안제, 신경안정제 등은 전문 의사의 처방에 따라 투약하여야 한다. 결코 정신병은 특별히 나쁜 병이 아니라 감기나 당뇨병이나 고혈압처럼 미리 예방하고 치료해야 한다.

뇌내혁명의 저자 하루야마 시게오는 실제 의사가 고칠 수 있는 병은 전체의 20퍼센트에 지나지 않고, 나머지 80퍼센트는 의료비만 물 쓰듯 낭비하고 있다고 했다.

결론적으로 스트레스는 오늘날 현대인들의 삶에서 피할 수 없는 한 부분이 되고 말았다. 너나 할 것 없이 차이는 있을지 몰라도 다 스트레스를 받고 있음이 분명하다. 문제는 이것을 순간순간 피하지 않고 지혜롭게 녹여서 긍정적이고 생산적인 것으로 만드느냐 아니면 피하고 피하다, 지쳐서 스트레스가 삶의 한 부분으로 딱딱한 바위로 자리잡아 암적 존재가 되고 마느냐 하는 것은 스스로의 대처 방법에 달렸다.

인간은 염려함으로 그 키를 한 자라도 더 할 수 없으며 지나친 스트레스는 오히려 순환기 · 호흡기 · 신경계 등에 중대한 결함을 가져오게 마련이다. 엄습해 오는 스트레스를 바른 방향으로 다스릴 수만 있다면 오늘 우리에게 주어진 감사의 제목과 기쁨의 순간들을 질식시키는 어리석은 우를 범하지 않고 생산적이고 건강한 삶을 살 수 있을 것이다. 문제를 회피하지 말고 지혜롭게 맞아 위기를 기회로 삼는 건강한 현대인이 되었으면 한다.

미국 캘리포니아주 Olive View Medical Center에서 원목실 비서로 1년간 있었던 적이 있었다. 큰 병원이었고 유능한 의료진이 포진하고 있는 좋은 병원이었지만 의사선생님은 치료에 한계를 느끼시든가 어려움를 느끼시면 원목실에 지원을 요청해 온다. 그러면 우리는 10분 정도의 메시지가 든 복음을 들고 가서 그 테이프를 틀어주고 환자의 얘기도 들어주는 일을 환자가 좋아질 때까지 상황을 보면서 계속하는 것이다. 그때 환자에게 의학적인 치유가 일어나지 않더라도 예수님과 화평하게 되는 것을 보게 된다. 어둠 속을 헤메는 환자는 하나님 외에는 다른 빛이 없음을 보고 잠잠한 양처럼 복음을 받아들인다. 친절한 간호사들과 헌신적으로 치료해주신 의사들, 그리고 우리 같은 자원봉사자들의 안타까운 배웅 속에서 생의 마지막을 잘 마무리 하는 것을 본다.

죽방멸치는 일반 멸치에 비해 매우 비싸다. 모양도 흐트러지지 않고 윤기도 반짝거리며, 그냥 내장만 빼고 먹어도 고소하고 맛있다. 이는 스트레스를 주지 않고 잡아서 맛이 좋고 본래의 맛을 유지하기 때문이 아닌가 생각한다.

우리 몸도 스트레스를 주지 말고 건강하게 유지하여 예수님의 보혈로 산 값비싼 육신을 잘 유지하여 건강하게 장수하여 예수님께서 맡겨주신 사역을 잘 감당해야 한다.

건강하게 장수하는 길은 하나님의 말씀대로 사는 것이다.

"내 아들아 나의 법을 잊어버리지 말고 네 마음으로 나의 명령을 지키라. 그리하면 그것이 네가 장수하여 많은 해를 누리게 하며 평강

(샬롬)을 더하게 하리라" 잠언 3 : 1-2

많은 만성병 환자들이 하나님의 은혜로 치유되는 것을 보면 볼수록 인간은 건강하게 살도록 설계되어 있다고 생각된다. 우리의 모든 죄악을 사하시며 모든 병을 고치시는 예수님께 우리의 모든 스트레스를 다 맡겨야 한다. 그것이 살 길이다.

"그가 네 모든 죄악을 사하시며 네 모든 병을 고치시며" 시편 103 : 3

"이는 그가 우리의 체질을 아시며 우리가 단지 먼지뿐임을 기억하심이로다" 시편 103 : 4

혼자서는 어렵다. 모든 병을 고치시며 우리 체질을 아시는 하나님과 한 번 상의해 보시기를 충심으로 권고한다. 마음의 즐거움은 양약이라고 했다. 우리가 비록 조금 어려운 시기에 살고 있다고는 하지만, 몸과 마음을 건강하게 관리하고 실력을 준비하고 있어야 다시 기회가 주어질 때 승리할 수 있을 것이다. 하나님께 영광 돌리기 위해 사용된 귀한 몸을 끝까지 함부로 다루지 말아야 한다.

스트레스에 관한 한 성경보다 광범위하게 자세히 적힌 책은 없다고 생각한다. 하나님의 말씀을 우리 삶에 실제적으로 적용하여, 많은 치유가 일어나기 바란다. 스트레스를 포함한 모든 병의 치유신학은 그리스도인의 필수 과목이 되어야 한다. 하나님께서 의사 선생님을 통해서 고치시는 부분이 있고, 하나님의 종인 사역자를 통해 하나님의 말씀을 가지고 고치실 부분이 있지만, 누구나 성경대로 직접 어린애 걸음마 배우듯 하나하나 말씀을 그대로 실천하면 놀라운 치유가 실제로 일어날 수 있을 것이다.

성경에는 각종 스트레스에 대한 처방이 다 들어있다. 환난을 당할 때, 고통 가운데 있을 때, 죽음의 문턱에 있을 때, 억울하게 쫓기고 있을 때, 두려울 때 등 어떤 경우의 스트레스에 대한 처방이든 없는 것이 없다.

무소부재하시고 전지전능하신 하나님은 우리의 피난처이다. 하나님의 보호와 성령님의 위로와 예수님의 사랑과 지혜만이 스트레스를 해결할 수 있는 완전한 처방이다. 우리는 우리의 삶 속에서 스트레스 완충제Stress Buffers를 만들어야 한다. 그런데 그 완충제 중에서 가장 좋은 완충제는 사랑이 한없는 예수님뿐이다. 우주를 창조하신 하나님은 무한하셔서 유한한 인간을 한없이 사랑하실 수 있다. 하나님이 만드신 하늘과 땅과 사람이 모두 예수님과 샬롬의 상태를 유지해야 우리는 스트레스 없는 상황에 놓이게 된다. 오늘이라도 땅이 산물을 우리에게 내놓지 않으면 우리는 굶어 죽을 수밖에 없는 극한 스트레스 상황이 될 것이다. 하나님께서 땅으로 우리에게 먹을 것을 주게 하시니까 우리는 먹고 살 수 있는 것이다. 완전한 신이시고 완전한 인간이신 예수님과 천지만물이 샬롬을 해야한다.

성경은 이 예수님을 중심으로 한 구속의 드라마이다. 창조된 에덴이 타락하는 순간 모든 피조물은 극심한 스트레스 상황에 놓이게 되었으나, 예수님께서 성육신하여 우리를 구속해주시는 순간 모든 스트레스는 이미 날아가 버렸다. 승천하신 예수님은 다시 오실 것이고, 아무 스트레스도 없는 새 하늘과 새 땅으로 우리를 이끄실 것이며, 우리는 샬롬의 상태에서 예수님과 함께 영원히 살 것이다. 예수님과 샬롬의 상태를 누리는 그 완성의 때가 꼭 올 것이다.

그때까지 예수님을 먼저 믿은 우리는 영육 간에 병든 환자들을 위해 부지런히 기도하고 그들을 예수님께로 이끌어오며, 삶의 현장에서 영육 간에 강건해지는 복을 마음껏 누리도록 숨을 고르며 함께 노력할 수 있기를 간절히 소원해 본다.

| 참고 도서 |

- 가정성경, 제자원, 연합선교회, 1992
- 고고학과 구약성경, 알프레드 J. 허트, 미스바, 1998
- 고통이라는 선물, Paul Brand Hewitt, 손재생 전문외과 의사
- 꽃으로도 때리지 말라, 김혜자, 오래된 미래, 2004
- 구약성서의 인간학, 한스발터 볼프, 분도출판사, 1996
- 구약의 치유신학, 김진섭, 한국성경학연구소, 2005
- 구약의 치유신학 개론 Israel' s Divine Healer, Michael L.Brown, 김진섭역, 한국성경학 연구소, 2005
- 긍정의 힘, 조엘 오스틴, 두란노, 2005
- 기독교강요 상.중.하 : 존 칼빈, 원광연 옮김, 크리스찬 다이제스트, 2003
- 기독교의 기본 진리, 존 스토트, 생명의 말씀사, 2004
- 목적이 이끄는 삶, The purpose driven life, zondervan, 릭 워렌, 도서출판 디모데, 2003
- 복음주의 조직신학, 밀라드J. 에릭슨, 크리스챤 다이제스트, 2000
- 비전성경사전, 하용조, 두란노, 2001
- 빅컬러 훼밀리 성경, 편찬대표 김의환 박사, 성서원
- 성경과 한의학, 김길춘, 쿰란출판사, 2003
- 성경과 분노 심리, 이관직, 도서출판 대서, 2007
- 성경에 나타난 병, 김기령, 연세대 출판부, 2000
- 성경에서 건강의 맥을 잡아라, 무명의 그리스도인, 예찬사, 2002
- 성경으로 본 재미있는 한의학, 김양규, 프라미스 키퍼스, 2006
- 성경 통독 이렇게 하라, 조병호, 땅에 쓰신 글씨, 2006

- 성경통독연구, 이원희, 기독교문사, 1992
- 성서에서 본 식생활과 건강법, 이길상, 기독 교문사, 1996
- 성경과 치유, John Wilkinson, 기독교연합신문사, 2001
- 신비로운 마음과 몸의 치유력, 노만 커진스, 전경구, 김교헌공역, 학지사
- 신비한 인체창조섭리, 김종배, 국민일보사
- IQ는 아버지 EQ는 어머니 몫이다, 현용수, 쉐마, 2006
- 암과 싸우는 10가지 방법, 조무성, 예영, 2002
- 영적 훈련과 성장, 리처드 포스터, 생명의 말씀사
- 의학대사전, 이우주, 아카데미 서적, 1990
- 이채우, 차료방, 김동락, 한국메디칼인덱스, 1995
- 인체의 신비, 고려원미디어, 1992
- 인체해부학, 한갑수, 형설출판사, 1997
- 일차 진료의를 위한 약 처방 가이드, 한국의학원, 2000
- 주름과의 전쟁wrinkle cure #6, Nicholas perricome, 최광호역, 한언출판사, 2002
- 지금 알고 있는걸 그때도 알았더라면, 류시화엮음, 열림원, 2004
- 참 목자상, 리처드 백스터, 생명의 말씀사, 2003
- 톰슨Ⅱ주석성경, 기독지혜사, 1991
- 하룻밤에 읽는 성서, 야쿠다 사토시, 김수진 옮김, 랜덤하우스 중앙, 2000
- 한국인의 밥상 문화, 이규태 지음, (주)신원문화사, 2000
- 한눈에 보는 성경, 브루스 윌킨슨 · 케네스 보아 지음/정인홍 · 곽철호 옮김, 도서출판 디모데, 1997
- 한일대조 성경전서, 개역개정판/신공동역, 대한성서공회, 2002
- 환경문제와 성경적 원리, 김정우, ivp, 1999
- Applied Therapeutics, Lloyed Yee Young and Mary Anne Koda Kimble, Applied Therapeutics, 1990, 4th Edition

- Complete Medicalencyclopedia, Jerrold B. Leikin, M.D. Martin S. Lipsky, M.D
- Foods that heals, Maureen Sa;aman and James F. Scheer, Statford Publishing, 1989
- Genesis, EugeneF.Roop, Herald Press, 1987
- Human Anatomy Physiology, Elaine N. Maries
- Lecture notes on Clinical Biochemistry
- Nutrition Almanac , Lavon J. Dunne, McGraw Hill, 2002
- Nutrition and diet therapy, Peggy S. Stanfield, Jone and Bart lett Publishers international, 2000
- Prescription for Nutritional Healing, James F. Balch, Phyllis A. Balch, Avery publishing Group, 2000
- Tabler' s Cyclopedic Medical Dictionary, edition16 , F.A Davis, Library of Congress Cataloging in Publication Data, 1989
- The Bible' s Seven Secrets to Healthy Eating, Joyce Rogers, Liita Forsyth
- The Ciba collection of medical illustration, Frank. H, NETTER, M.D, CIBA, 1979
- The healing promise, Richard Mayhue, Mentor, 1997
- Understanding Nutrition, Eleanor Noss, Whitney sharon, Rady Rolfes, Thomson Learning, 2002, 9th Edition
- Vitamin Bible, Earl Mindell, Warner Books, 1991
- 몸의 구조, 타카하시 나가오, 나츠메출판, 1997
- 가정 의학, 보건동인사, 1993
- 먹거리로 본 성서, 고노 토모미, 일본 기독교단 출판국, 1989
- 미용의 피부과학, 야스다 토시아키, 남산당, 2002
- 병태생리와 약의 작용, 마루오 이시바시, M.D. 南山堂, 1999

- 식품, 화장품 위험도 체크북, 체험을 전하는 회, 정보센타출판국, 1999
- 성서와 음식, 오쿠다 카즈코, 일본 그리스도 교단 출판국, 2002
- 속 먹거리로 본 성서, 하야우미, 일본기독교단출판국, 1989
- 물과 몸, 동해대학 출판사, 1997
- 식품, 화장품 위험도 체크북, 체험을 전하는 회, 정보센타출판국, 1999, 일본
- 왜 먹을까, 오쿠다 카즈코, 일본그리스도교단출판국
- 임상영양학, 야마구치 카즈코 외 1명, 의치약 출판, 1996
- 임상의 한방처방, 미츠카와 히로미, 의치약출판
- 임상조사 데이터, 1990
- 화장품 독성 판정 사전, 오자와 타카하루, 메타모루출판, 2001
- 환자인터뷰, 일본 Drug information편, 2001